Abdelaziz OUADAH

Modelos baseados em linhas do horizonte para a seleção de serviços Web

Abdelaziz OUADAH

Modelos baseados em linhas do horizonte para a seleção de serviços Web

Modelos Skyline e Algoritmos para Seleção de Serviços Web com Base no Histórico de Invocações

ScienciaScripts

Cover image: www.ingimage.com

This book is a translation from the original published under ISBN 978-620-6-72382-0.

Publisher:
Sciencia Scripts
is a trademark of
Dodo Books Indian Ocean Ltd. and OmniScriptum S.R.L publishing group

120 High Road, East Finchley, London, N2 9ED, United Kingdom
Str. Armeneasca 28/1, office 1, Chisinau MD-2012, Republic of Moldova, Europe
Printed at: see last page
ISBN: 978-620-8-34061-2

Conteúdo

Dedicação

Eu adoro este trabalho modesto:

Em memória da minha mãe e do meu pai, que Alá os aceite no seu vasto paraíso,

Currículo

Com a proliferação de arquitecturas orientadas para os serviços nos últimos anos, o número de serviços publicados na Web aumentou exponencialmente. Para selecionar um serviço de entre uma série de serviços candidatos, que oferecem a mesma funcionalidade mas com diferentes qualidades de serviço (QoS), um utilizador não pode testar todos os serviços candidatos, mas pode basear a sua seleção no histórico de invocações anteriores feitas por outros utilizadores. Nos últimos anos, o Skyline surgiu como um novo paradigma popular para encontrar os serviços Web mais relevantes com base em dados de QoS. É uma abordagem promissora que reduz o espaço de decisão do utilizador, oferecendo apenas os serviços que não são dominados; no entanto, o Skyline tem alguns inconvenientes: i) devolve resultados incomparáveis, ii) dá a mesma importância a todos os critérios de QoS, iii) o tamanho do resultado do Skyline não pode ser controlado.

Neste documento, discutimos várias propostas para resolver estas questões: a primeira, designada SkyAP-S3, baseia-se na combinação de vários métodos de apoio à decisão multicritério (MCDM), nomeadamente: Skyline para reduzir o espaço de pesquisa, AHP para ponderar os critérios de QoS, PROMETHEE para captar as preferências dos utilizadores e classificar os serviços Web Skyline. A segunda proposta, denominada SEFAP, é uma versão melhorada do SkyAP-S3 e consiste em lidar com a incerteza das opiniões dos utilizadores ao ponderar os critérios de QoS. Utilizámos o método baseado em dados objectivos "Entropia" e o método baseado nas opiniões subjectivas dos utilizadores "Fuzzy AHP".

Na terceira abordagem, propomos uma versão melhorada do método Fuzzy AHP para classificar os serviços Web Skyline, de modo a que as matrizes de comparação entre os critérios de QoS e entre os serviços Web Skyline representativos sejam geradas automaticamente através da exploração de um algoritmo de discretização dos dados de QoS.

Para demonstrar a eficácia das nossas abordagens, foram efectuadas experiências e foram também discutidos estudos comparativos com abordagens existentes.

Palavras-chave : Skyline, serviços Web, AHP, AHP Floue, PROMETHEE, Qualidade de serviço, preferências do utilizador.

Introdução geral

1.1 Contexto

Nos últimos anos, as empresas modernas tiveram de responder de forma muito eficaz às oportunidades oferecidas por um mercado cada vez mais competitivo e complexo. Para tal, enfrentam uma série de exigências em termos de interoperabilidade, manutenção e integração das suas aplicações comerciais, tanto dentro como fora da empresa. Estes requisitos aumentaram a necessidade de uma arquitetura moderna baseada em normas reconhecidas. A arquitetura orientada para os serviços (SOA) representa a plataforma mais adoptada pelas empresas para satisfazer as necessidades das aplicações empresariais em termos de baixo acoplamento, normalização e independência de plataforma, a fim de automatizar o processo empresarial [Papazoglou el al., 2007].

De acordo com [MacKenzie et al. 2006], SOA é uma estrutura abstrata para compreender os significados das entidades que o compõem e as relações entre essas entidades. [Papazoglou 2003] define SOA como um paradigma que utiliza os serviços Web como elementos fundamentais para o desenvolvimento de aplicações, uma forma de reorganizar infra-estruturas e soluções de software num conjunto de serviços interactivos. Outra definição dada por [Arsanjani 2004], SOA é um conceito baseado num estilo arquitetónico que define um modo de interação entre três partes principais: o fornecedor, o diretório e o consumidor. O fornecedor de serviços cria e descreve os serviços, o diretório publica os serviços e torna-os acessíveis aos utilizadores e às aplicações, o consumidor explora e descobre os serviços, seleciona os serviços relevantes que podem satisfazer as suas necessidades e invoca-os através de interfaces e protocolos normalizados. De acordo com [Erl 2004], um dos objectivos do SOA é fornecer valor acrescentado à solução implementada, utilizando abordagens modernas para a análise, conceção e desenvolvimento de aplicações.

Os serviços Web são componentes de software que representam os elementos básicos da SOA, podem ser publicados e invocados na Web utilizando um conjunto de normas como SOAP para estruturar a troca de mensagens entre componentes de software, WSDL para descrever as operações oferecidas por cada serviço e a forma de interagir com ele, UDDI para publicar e localizar serviços na Web [Curbera et al., 2002].

Cada serviço é contíguo para realizar uma tarefa específica. Um serviço é descrito pelo seu identificador na Web e pelos seus parâmetros de entrada e saída, que representam a sua informação funcional. No entanto, existem outras informações não funcionais que podem caraterizar o serviço Web, como o tempo de resposta, a disponibilidade, o preço do serviço, a fiabilidade, etc. Estas informações são designadas por Qualidade de Serviço (QoS). A qualidade do serviço tornou-se um critério crucial no processo de seleção e composição de serviços Web oferecidos por diferentes fornecedores com funcionalidades semelhantes.

1.2 Problemas

A qualidade do serviço obtida a partir de descritores de serviços (WSDL) ou de fornecedores de serviços (UDDI) não reflecte a qualidade real desses serviços. Esta difere de um utilizador para outro, de um contexto para outro, e muda dinamicamente ao longo do tempo em função de vários parâmetros [Yu et al., 2009]. Por exemplo, o tempo de execução de um serviço Web pode variar em função do tráfego da rede e da capacidade do próprio serviço para manter o mesmo desempenho (escalabilidade) com um aumento significativo do número de invocações simultâneas.

[1]De acordo com as estatísticas publicadas pelo diretório de serviços Web Programmable Web e pelo motor de busca de serviços Web *services.Seekda.com*, o número de serviços publicados na Web nos últimos anos aumentou exponencialmente [He et al., 2017] e a utilização destes serviços pelos utilizadores gerou uma grande quantidade de dados sobre o histórico de invocações [Zhang et al., 2018]. No entanto, para selecionar um serviço entre vários serviços candidatos, que oferecem a mesma funcionalidade mas com diferentes qualidades de serviço, o utilizador não pode testar todos os serviços candidatos, mas pode confiar no histórico de invocações anteriores feitas por outros utilizadores em contextos semelhantes [Shao et al., 2007]. A exploração da experiência de outros utilizadores fornece informações sobre a qualidade real desses serviços e ajuda o utilizador a escolher os melhores serviços.

Nos últimos anos, a noção de Skyline [Borzsonyi et al., 2001] surgiu como um novo e popular paradigma para encontrar os serviços Web mais relevantes. Esta é uma direção promissora para reduzir o espaço de decisão do utilizador, oferecendo apenas os serviços mais interessantes, e consequentemente simplificar o processo de seleção. No entanto, o Skyline tem sido alvo de algumas críticas:

1) O tamanho do resultado do Skyline não pode ser controlado. De facto, o resultado do Skyline pode ser grande e exigente, requerendo um grande esforço para ser processado, ou pode ser muito pequeno e inconsistente para o utilizador;

2) O Skyline apresenta geralmente resultados contraditórios e incomparáveis, o que torna o processo de seleção muito difícil para o utilizador;

3) O Skyline dá a mesma importância aos critérios de seleção (QoS), no entanto, a importância da QoS difere de um contexto para outro e de um utilizador para outro, por exemplo, no contexto do pagamento eletrónico, o critério de segurança é mais importante do que os outros critérios, mas no contexto da recuperação de informação, o tempo de resposta é o critério mais importante.

Para remediar o primeiro inconveniente e permitir ao utilizador controlar a dimensão do resultado do Skyline, foi proposta a variante K-representativa do Skyline [Lin et al., 2007] [Tao et al., 2009], que devolve um subconjunto do resultado do Skyline que representa o resultado total do Skyline. No entanto, esta variante devolve um resultado incomparável, em que o utilizador tem dificuldade em escolher os melhores serviços que satisfazem as suas preferências.

Várias abordagens propostas na literatura têm explorado métodos de Tomada de Decisão Multi-Critério (MCDM) para o tratamento da incomparabilidade entre alternativas e a seleção de serviços Web, tais como o Analytic Hierarchy Process (AHP) e o PROMETEE. No entanto, estes métodos lidam geralmente com conjuntos de dados em que o número de serviços é muito limitado, mas o número de serviços que oferecem as mesmas funcionalidades com diferentes qualidades de serviço está a aumentar diariamente, o que torna a utilização destas abordagens muito difícil, particularmente no contexto da seleção de serviços Web.

O método AHP [Saaty 1987] é amplamente utilizado para ponderar critérios e classificar alternativas. Tem a vantagem de modelar o problema do vagão hierárquico e de ponderar os critérios de seleção com base na comparação entre cada um dos dois critérios utilizando a escala de Saaty [Saaty 1987], expressa em forma linguística. No entanto, este método apresenta alguns inconvenientes, nomeadamente: a subjetividade e a imprecisão das opiniões

[1] https://www.programmableWeb.com/

dos utilizadores no preenchimento de várias matrizes de comparação entre critérios e entre alternativas para a classificação destas últimas. Isto requer um grande esforço para um utilizador. Além disso, se o teste de cohërence falhar, o utilizador tem de refazer todo o trabalho de reconstrução destas matrizes de comparação (o índice de cohërence IC dëpasse 0,1).

1.3 Contribuições

As principais contribuições desta tese são rësumëes na proposta de três abordagens para a sëlection de Skyline Web services:

- **Abordagem SkyAP-S3: Combinação de Skyline com AHP e PROMETHEE**

Para aliviar os inconvënientes prësentës pelo mëtodo Skyline em termos de incomparabilidade de resultados e da ponderação dos critérios de QoS, propomos uma abordagem baseada na combinação do opërateur Skyline com os métodos de apoio à decisão multicritério AHP e PROMETHEE [Ouadah et al., 2015a] [Ouadah et al., 2015b]. O opërator Skyline é usadoë para reduzir o espaço de pesquisa, concentrando-se apenas em serviços relevantes que não são domiiK'd por qualquer outro serviço, os serviços domiiK'd são ëcartës automaticamente do processo de sëlection. Esta primeira ëtape é realizada offline e o resultado do Skyline é recalculado após cada atualização de QoS donees ou após a inserção de um novo serviço Web. O método AHP (Analytic Hierarchy Process) é utilizado para ponderar os critérios de QoS de uma forma simples e intuitiva, baseando-se em termos linguísticos para a comparação entre critérios de QoS e permitindo verificar a coerência das apreciações do utilizador. O método PROMETHEE é explorado para a classificação dos serviços Web Skyline graças às relações de sobreclassificação entre serviços Web, fornecendo ao utilizador uma lista classificada dos serviços Web Skyline que mais se aproximam das suas prëfërências.

- **Abordagem SEFAP: ponderação objetiva e subjectiva dos critérios de QoS**

Embora o método AHP seja frequentemente utilizado para a ponderação de critérios, é criticado pela sua incapacidade de lidar com a imprecisão dos julgamentos dos utilizadores. De facto, as prëfërências são expressas em forma numérica ^ escala de Saaty [Saaty 1987]). Nesta abordagem, focamo-nos no tratamento da subjetividade e imprecisão no processo de ponderação dos critérios de QoS, adaptamos a abordagem SkyAP-S3, substituindo o método AHP pelos métodos Shannon Entropy e Fuzzy AHP [Ouadah et al., 2018a]. O método Entropy extrai pesos objetivos dos critérios de QoS dos dados do histórico de invocação, explorando os dados de QoS. Por outro lado, o Fuzzy AHP explora a opinião subjetiva do utilizador e os números fuzzy triangulares para a geração de matrizes de comparação entre critérios.

- **Abordagem IFAHP: uma versão melhorada do fuzzy AHP para a seleção de serviços Web representativos**

Essa abordagem é dividida em duas etapas: para controlar o tamanho do resultado retornado pelo operador Skyline, adotamos uma variante do operador Skyline chamada "K-reprbsentative Skyline" [Ouadah et al., 2018b] [Ouadah et al, 2018c], este último permite retornar um resumo representativo do resultado do Skyline, o que permitirá reduzir o tamanho e retornar uma amostra explorável pelo usuário, e como a variante K-reprbsentative Skyline retorna um conjunto de serviços conflitantes e incomparáveis, propomos uma versão ambliorbe do método Fuzzy AHP [Ouadah et al, 2018d], esta versão permite, por um lado, blicitar a importância dos critérios de QoS utilizando termos linguísticos baseados numa linguagem natural. Por outro lado, reduz consideravelmente o número de comparações e gera automaticamente matrizes de comparação entre alternativas para cada critério de QoS, com base num algoritmo de discriminação que transforma dados quantitativos em dados qualitativos e atributos numéricos em atributos discretos com um número finito de intervalos.

1.4 Organização destes

O manuscrito da nossa tese está estruturado em duas partes: a primeira parte apresenta o nosso estado da arte, que está estruturado em três capítulos e engloba três áreas de investigação. A segunda parte, intitulada "Contribuições", descreve as três abordagens propostas para a seleção de serviços Web Skyline e as experiências realizadas para validar essas abordagens.

A Parte I "Estado da Arte" é composta por três capítulos:

- **Capítulo 2: Serviços Web**

Neste capítulo, começamos por apresentar algumas definições do conceito de serviço Web, depois descrevemos o modelo de serviços Web e os seus elementos e, em seguida, citamos as normas de serviços Web: WSDL, a linguagem de descrição de serviços, SOAP, o protocolo de transporte de serviços, e UDDI, o diretório de publicação de serviços. Por fim, apresentamos exemplos de diretórios para publicação de serviços UDDI na Web.

- **Capítulo 3: Seleção dos Skyline Web Services**

Neste capítulo, definimos a noção de Skyline, apresentamos os algoritmos bem como algumas variantes de Skyline, citamos depois alguns exemplos de trabalhos de investigação que utilizam algoritmos Skyline para a seleção de serviços Web. No final deste capítulo, apresentaremos um estudo comparativo entre estes trabalhos com base num determinado número de critérios.

- **Capítulo 4: Seleção de serviços Web com base em métodos MCDM**

Este capítulo é dedicado à apresentação de métodos de apoio à decisão multicritério e suas classificações, bem como de abordagens existentes que utilizam métodos MCDM para a seleção de serviços Web. No final deste capítulo, apresentaremos um estudo ëcomparativo entre estas abordagens.

A Parte II "Contribuição" é composta por dois capítulos:

- **Capítulo 5: Abordagens propostas**

Neste capítulo, descrevemos as três abordagens propostas na nossa tese, nomeadamente :

o Abordagem SkyAP: para a seleção de serviços Web, a fim de reduzir o espaço de pesquisa e oferecer ao utilizador uma lista ordenada dos serviços Web que melhor correspondem às suas preferências.

o Abordagem SEFAP: explorar os métodos MCDM Entropy e Fuzzy AHP para a ponderação objetiva e subjectiva dos critérios de QoS,

o Abordagem IFAHP: para a seleção de K serviços Web Skyline representativos, que controla o tamanho do resultado Skyline e devolve um resumo representativo de todo o resultado Skyline; foi proposta uma nova versão do método Fuzzy AHP para organizar os serviços selecionados com o mínimo de esforço por parte do utilizador.

- **Capítulo 6: Implementação e experimentação**

Este último capítulo é dedicado à implementação e validação das abordagens propostas. Foi efectuada uma série de experiências para demonstrar a viabilidade e a eficácia destas abordagens, com base em conjuntos de dados reais.

Terminamos o nosso relatório com uma conclusão geral e algumas reflexões sobre o futuro.

Parte I

Estado da arte

2 Serviços Web

2.1 Introdução

Um dos objectivos das Arquitecturas Orientadas para os Serviços (SOA) é permitir um baixo nível de acoplamento entre os serviços Web que constituem um sistema. Os clientes destes serviços não precisam de saber pormenores sobre as suas implementações técnicas ou as plataformas em que foram implantados. Isto facilita a interoperabilidade entre plataformas e permite que vários serviços Web de diferentes fontes sejam integrados numa única aplicação. A utilização da funcionalidade oferecida pelos serviços Web existentes reduz o tempo e a complexidade do desenvolvimento de aplicações. No entanto, ao selecionar um serviço Web para integrar numa aplicação, é importante escolher os melhores serviços Web que ofereçam funcionalidades semelhantes mas com QoS diferentes.

Neste capítulo, começamos por apresentar algumas definições da noção de serviço Web, depois descrevemos o modelo de serviços Web e os seus elementos e, em seguida, apresentamos as normas de serviços Web: WSDL, a linguagem de descrição de serviços, SOAP, o protocolo de transporte de serviços, RESTful, o estilo de serviços Web baseado em HTTP, e UDDI, o diretório de publicação de serviços. Por último, apresentamos exemplos de diretórios de publicação de serviços Web.

2.2 Definição

Na literatura, existem várias definições para um serviço Web, sendo a definição dada pelo dicionário: "*um serviço é uma ação realizada por uma entidade para outra*" [Marin 2008]. Por conseguinte, é necessário conhecer os pormenores desta ação antes de a utilizar.

Um serviço Web é definido por [Papazoglou et al., 2003] como "*uma entidade de software que pode ser utilizada através da sua descrição*". A utilização de um serviço não exige o conhecimento das tecnologias utilizadas para o implementar, nem da plataforma em que é executado. Da mesma forma, um serviço Web não impõe quaisquer restrições em termos de tecnologias de implementação e de implantação ao utilizador que o consome no seu programa. Esta independência em ambas as direcções é uma grande vantagem, permitindo que uma única aplicação utilize vários serviços Web desenvolvidos com tecnologias diferentes e implantados em plataformas diferentes.

Um serviço de software é "*um pedaço de software que é disponibilizado a outras aplicações. Para que um serviço seja utilizável, deve ser descrito, publicado e as suas capacidades devem ser conhecidas pelos seus utilizadores*" [Marin 2008].

[Gottschalk 2000] dá a seguinte definição de serviços Web: "*Os serviços Web são auto-contidos e auto-descritivos que podem ser publicados, localizados e invocados através da Web, utilizando um conjunto de normas como SOAP (Simple Object Access Protocol), WSDL (Web Service Description Language) e UDDI (Universal Description Discovery and Integration)*".

O consórcio W3C [Booth et al., 2004] define um serviço como "*uma aplicação ou componente de software identificado por um URI (Uniform Resource Identifier), cujas interfaces e ligações são descritas em XML (eXtensible Markup Language). A sua descrição pode ser descoberta por outros serviços Web e pode interagir com outros serviços Web utilizando protocolos Internet normalizados*".

Do ponto de vista do cliente, o serviço Web é uma "caixa negra" que não fornece quaisquer pormenores sobre a sua implementação. O serviço Web recebe um pedido de um cliente, processa esse pedido e, finalmente, envia a sua resposta ao cliente [Marin 2008].

Os serviços Web suportam dois estilos de comunicação: síncrono e assíncrono [Papazoglou el al 2004]. No caso do tipo síncrono, os clientes dos serviços Web enviam os seus pedidos como uma chamada a um método com um conjunto de entradas paraтёйез e aguardam a resposta antes de continuarem as suas exëcuções. Este tipo de comunicação requer um forte acoplamento entre o cliente e o serviço, uma vez que o cliente fica sempre à espera de uma resposta do serviço. Na comunicação assíncrona, o cliente e o serviço trocam mensagens. O cliente envia uma mensagem para o serviço e continua a sua execução sem esperar pela resposta e, desta forma, o cliente está menos fortemente acoplado ao serviço invocado. O serviço processa o pedido e pode responder instantaneamente ou adiar a resposta.
"*Os serviços Web são descritos de maneira formal pelos nomes e tipos de parâmetros e restrições de entrada e saída*" [Benouaret 2012a]. Os paramëtres de entrada/saída representam a sua informação funcional, enquanto as outras informações não funcionais, como o tempo de resposta, a disponibilidade, o preço, são a qualidade dos serviços (QoS).
Podemos dizer que um serviço Web é um componente de software que oferece uma funcionalidade bem definida, podendo ser utilizado por clientes ou por outros serviços, baseando-se em normas da Internet para a sua descrição, invocação e interações. O comportamento de um serviço é descrito por informações funcionais, como os seus inputs e outputs.

2.3 Actores e operações de serviços Web

A tecnologia dos serviços Web [Papazoglou el al., 2004] baseia-se na interação entre três tipos de participantes. São utilizadas três operações: publicação de serviços, pesquisa ou descoberta de serviços e ligação ou invocação de serviços.

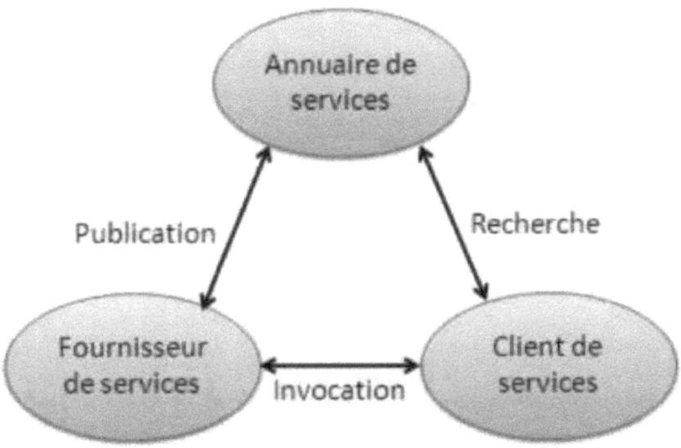

Figura 1. Actores e operações dos serviços Web [Papazoglou el al., 2004].

Os três elementos principais do modelo de serviço Web são :

- O prestador de serviços: o prestador de serviços implementa o serviço, implementa o serviço numa plataforma de implementação, publica o serviço num diretório e descreve o serviço para fornecer aos clientes todas as informações sobre o serviço.
- **O diretório de serviços**: fornece aos prestadores de serviços os recursos necessários para publicarem os seus serviços e os meios para os clientes os procurarem e descobrirem.
- **O cliente do serviço**: o cliente procura o serviço Web pretendido num diretório,

normalmente por palavra-chave. O cliente seleciona o serviço e utiliza as informações de descrição para invocar o serviço.

As interações entre estes três elementos são descritas a seguir:

o **Publicação**: a publicação do serviço permite que outros utilizadores o encontrem. Consiste, em primeiro lugar, em escrever o serviço Web e, em segundo lugar, em registá-lo num diretório para o tornar acessível aos clientes.

o **Pesquisa**: a pesquisa de um serviço Web implica primeiro descobri-lo no diretório de serviços e, em seguida, escolher o serviço a pesquisar de entre os vários encontrados. São possíveis dois métodos de seleção: manual e automático. Na seleção manual, o utilizador escolhe o serviço diretamente, enquanto na seleção automática, uma aplicação cliente especial (Broker) pode realizar esta tarefa.

o **Invocação**: esta Гopëration é a mais importante, durante esta opëration o requisitante do serviço invoca ou exëcuta em tempo real o serviço utilizando detalhes fornecidos pelo descritor do serviço. São possíveis dois tipos de invocação: o primeiro tipo é uma invocação direta através da informação fornecida pelo descritor do serviço e o segundo tipo é uma invocação através de um intermëdiário (Broker).

2.4 Normas de serviços Web

2.4.1 WSDL (Linguagem de descrição de serviços Web)

A necessidade de uma descrição clara da comunicação entre clientes e serviços levou à normalização dessa descrição através de ficheiros XML bem estruturados. A WSDL é uma norma utilizada para normalizar a descrição dos serviços Web. Na secção seguinte, apresentamos a linguagem de descrição de serviços WSDL, a estrutura do ficheiro WSDL, os elementos ëlë que compõem o ficheiro e as suas várias versões [Lopez-Velasco 2008].

O primeiro trabalho a surgir relativamente à linguagem de descrição de serviços Web (WSDL) foi o trabalho do W3C em 2001 [Christensen et al., 2001]. O objetivo era propor uma linguagem que fosse interpretável e compreensível por um grande número de plataformas. Esta descrição inclui os métodos e parâmetros dos serviços Web que podem ser invocados através de mensagens SOAP. Os diferentes elementos descritos num ficheiro WSDL são :

- Operações oferecidas pelo serviço Web
- Os destinatários e as mensagens ëchangës durante o telefonema de serviço
- O protocolo de comunicações
- A porta de acesso ao serviço

2.4.2 SOAP (Protocolo simples de acesso a objectos)

O SOAP é o protocolo utilizado para a troca de mensagens entre o cliente e o serviço Web, baseando-se na linguagem XML como um formato padrão para a troca de dados estruturados, independentemente das plataformas de desenvolvimento, linguagens de programação ou sistemas operativos. O SOAP pode ser utilizado em qualquer estilo de comunicação síncrona ou assíncrona [Box et al., 2000].

O SOAP baseia-se principalmente nas normas HTTP e XML [Ben Halima 2009]:

S HTTP como ësendo um protocolo de transporte de mensagens SOAP. É um bom meio de transporte graças à sua popularidade^ na Web.

S XML como ëtant un langage standard d'echange de données semi-structurees, concernant les requetes, les réponses aux requetes, les paramëtres d'entrees et de sorties, .. .ect.

A estrutura de uma mensagem SOAP é apresentada em [Mitra et al,. 2007], e consiste em duas partes, o cabeçalho do protocolo de transporte e o envelope SOAP.

2.4.2.1 O cabeçalho do protocolo de transporte :

Depende do protocolo utilizado, como o HTTP. Se for utilizado HTTP, o cabeçalho terá o seguinte conteúdo:

- ✓ A versão do protocolo http
- ✓ A data de gënëration da mensagem SOAP.
- ✓ O tipo de codificação do conteúdo.
- ✓ O nome e a versão do servidor de aplicações
- ✓ Tecnologia de implementação

```
HTTP/1.1 200 OK
Cache-Control: private, max-age=0
Content-Type: text/xml; charset=utf-8
Vary: Accept-Encoding
Server: Microsoft-IIS/7.0
X-AspNet-Version: 4.0.30319
X-Powered-By: ASP.NET
Date: Mon, 06 Jan 2014 10:19:22 GMT
Content-Length: 687
Proxy-Connection: Keep-Alive
Connection: Keep-Alive
Content-Encoding: gzip
```

.etc.

Figure 2. Exemplo de um cabeçalho de protocolo de transporte.

2.4.2.2 Envelope SOAP :

Representa a parte principal da mensagem SOAP e é composta por duas partes, o cabeçalho e o corpo.

- Cabeçalho da mensagem SOAP :

Trata-se de um elemento opcional, um mecanismo flexível para alargar a mensagem ou acrescentar informações de forma centralizada e modular. Exemplos típicos de extensões que podem ser implementadas como entrada no cabeçalho da mensagem SOAP: autenticação, gestão de transacções, etc.

As etiquetas que delimitam esta parte são <SOAP-ENV :Header> e </SOAP- ENV :Header>.

Os quatro principais atributos que compõem a parte en-tete são [Gudgin et al 2003]:

✓ *EncodingStyle*: indica as regras de codificação utilizadas para serializar as várias partes da mensagem SOAP, transformando-as num fluxo XML.

✓ *Função*: indica o nó SOAP ao qual se destina o bloco SOAP en-tete.

✓ *mustUnderstand :* indica se o processamento do bloco de cabeçalho SOAP é obrigatório ou opcional.

✓ *relay*: indica se a mensagem regu deve ser redireccionada para outro nœud caso não tenha sido processada.

```
<SOAP-ENV:Header>
<t:Transaction xmlns:t="some-URI" SOAP-ENV:mustUnderstand="1">
5
</t:Transaction>
</SOAP-ENV:Header>
```

Figure 3. Exemplo de um cabeçalho de mensagem SOAP.

Neste exemplo, o cabeçalho do envelope SOAP contém informações adicionais sobre o identificador da transação que está a ser processada, através da etiqueta *<Transaction>*. O valor do atributo *mustUnderstand= 1* indica que o processamento do cabeçalho é obrigatório.

- SABONETE de corpo de mensagem

O corpo da mensagem SOAP fornece um mecanismo simples para a troca de informações entre o cliente e o serviço. As etiquetas que delimitam esta parte são <soap :Body> e </soap :Body>.

As duas figuras seguintes mostram um exemplo de uma invocação SOAP e de uma mensagem de resposta para o serviço Web GlobalWeather descrito no seu ficheiro WSDL (http ://www.Webservicex.com/globalweather.asmx?wsdl). Trata-se de um serviço oferecido pelo fornecedor de serviços Web *WebserviceX.net*. Este serviço aceita como entrada a cidade e o país (exemplo: Bejaia e Argélia), e devolve como resposta um conjunto de informações sobre a mëtëorologia ^етрёгаШге, velocidade do vento, visibilitë, condições mëtëorológicas, ...).


```xml
<soap:Envelope xmlns:soap="http://www.w3.org/2003/05/soap-envelope" xmlns:web="http://www.webserviceX.NET">
   <soap:Header/>
   <soap:Body>
      <web:GetWeather>
         <!--Optional:-->
         <web:CityName>Bejaia</web:CityName>
         <!--Optional:-->
         <web:CountryName>Algeria</web:CountryName>
      </web:GetWeather>
   </soap:Body>
</soap:Envelope>
```


Figura 4: Exemplo de uma mensagem de pedido SOAP.


```xml
<soap:Envelope xmlns:soap="http://www.w3.org/2003/05/soap-envelope" xmlns:xsi="http://www.w3.org/2001/XMLSchema
   <soap:Body>
      <GetWeatherResponse xmlns="http://www.webserviceX.NET">
         <GetWeatherResult><![CDATA[<?xml version="1.0" encoding="utf-16"?>
<CurrentWeather>
  <Location>Bejaia, Algeria (DAAE) 36-43N 005-04E 2M</Location>
  <Time>Dec 31, 2013 - 04:00 AM EST / 2013.12.31 0900 UTC</Time>
  <Wind> from the W (280 degrees) at 16 MPH (14 KT):0</Wind>
  <Visibility> greater than 7 mile(s):0</Visibility>
  <SkyConditions> mostly clear</SkyConditions>
  <Temperature> 48 F (9 C)</Temperature>
  <DewPoint> 42 F (6 C)</DewPoint>
  <RelativeHumidity> 81%</RelativeHumidity>
  <Pressure> 30.30 in. Hg (1026 hPa)</Pressure>
  <Status>Success</Status>
</CurrentWeather>]]></GetWeatherResult>
      </GetWeatherResponse>
   </soap:Body>
</soap:Envelope>
```


Figura 5: Exemplo de uma mensagem de resposta SOAP.

2.4.3 RESTful (REepresentational State Transfer)

RESTful é uma arquitetura de serviços Web desenvolvida por Roy Fielding na sua tese de 2000 [Fielding et al., 2000]. Esta arquitetura baseia-se na utilização de normas Web desenvolvidas pelo W3C: HTTP, URL e XML. RESTful permite que os serviços Web sejam invocados de uma forma uniforme, explorando os métodos do protocolo HTTP: GET, POST, PUT e DELETE.

2.4.4 UDDI (Universal Description Discovery and Integration)

A UDDI é uma especificação que fornece aos utilizadores uma forma unificada e sistemática de encontrar fornecedores de serviços através de um registo de serviços centralizado [Curbera et al., 2002]. A UDDI fornece duas especificações básicas que definem a estrutura do registo:

1. Definição das informações a fornecer para cada serviço.
2. Definição das API disponíveis para aceder e atualizar esta informação.

O acesso ao registo é conseguido utilizando a norma SOAP para acesso e atualização.

2.4.4.1 Diretórios UDDI na Web

Existem diretórios UDDI na Web, cujo objetivo é publicar e tornar acessíveis os serviços Web oferecidos pelos fornecedores. Por outro lado, facilitar a pesquisa, a descoberta e a utilização desses serviços. A seguir, descreveremos dois exemplos de diretórios UDDI:

[23]Xmethods , remoteMethods [Lopez velasco 2008]

2.4.4.1.1 Xmethods

Xmethods é um diretório para publicar, pesquisar e aceder a serviços Web. Este diretório contém nada menos que 400 serviços Web.

[1]Para publicar um serviço, o fornecedor tem de estar registado no sítio Xmethods e fornecer todas as informações necessárias para criar uma nova entrada no diretório, como o nome do serviço, a descrição WSDL, a localização do serviço, etc., respeitando as especificações UDDI. [1]Além disso, o fornecedor deve fornecer outras informações solicitadas pelo Xmethods, como o correio eletrónico.

[1]O diretório Xmethods apresenta os serviços Web públicos sob a forma de uma lista. Esta lista contém as seguintes informações: o fornecedor do serviço (editor), o estilo (RPC, DOC, .), o nome do serviço, a descrição do serviço, o tipo de implementação (.NET, AXIS, .etc.) e uma ligação de teste. No entanto, o utilizador pode aceder a informações detalhadas sobre o serviço Web, como o conteúdo do documento WSDL.

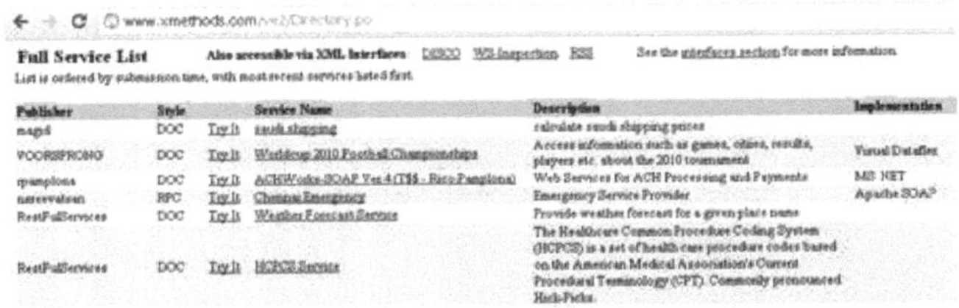

Figura 6. Alguns serviços Web publicados no Xmethods [4].

Embora este diretório seja um dos primeiros registos de publicação de serviços Web, a sua principal desvantagem é que não oferece qualquer mecanismo de pesquisa automática aos clientes. Estes têm de consultar a lista de serviços Web manualmente.

2.4.4.1.2 RemoteMethods

[2]O RemoteMethods é um diretório UDDI que permite a publicação, pesquisa, descoberta e classificação de serviços Web e inclui cerca de 380 serviços Web. [2]De acordo com [Legner 2007], o RemoteMethods foi implementado em 1999 pela *InfoGuinus inc.*

Para publicar um serviço Web no sítio, o fornecedor do serviço Web deve preencher um formulário em linha, que inclui o nome do serviço, o nome do fornecedor do serviço, o nome da empresa que desenvolveu o serviço, a descrição WSDL e uma descrição de texto. Acrescentar outras informações, como o preço do serviço, a data da última atualização e a duração do período de desvalorização.

[2]Uma vez preenchida toda a informação do formulário, este é submetido aos programadores da RemoteMethods para aprovação e classificação.

[2]A RemoteMethods permite que os clientes recomendem serviços. Para recomendar um serviço Web, basta preencher um formulário em linha. O formulário inclui o nome do serviço recomendado, o sítio Web do fornecedor do serviço, o URL da descrição WSDL e o endereço de correio eletrónico da pessoa que recomenda o serviço. [2]Depois de a recomendação ter sido analisada pelos programadores do RemoteMethods, será tomada a decisão de publicar ou rejeitar o serviço Web recomendado.

---

[2] http://xmethods.com, último acesso em janeiro de 2017.

[34]h ttp://www.remotemethods.com, último acesso em janeiro de 2017 http://xmethods.com, último acesso em janeiro de 2017.

Os serviços Web na RemoteMethods estão classificados em oito categorias, cada uma das quais é composta por subcategorias pré-estabelecidas. A navegação entre categorias e subcategorias é feita através de hiperligações simples. Quando o cliente seleciona uma categoria, é apresentada uma lista de serviços com as seguintes informações: nome do serviço, preço, classificação, data da última atualização. O cliente pode ordenar a lista de serviços de acordo com um destes atributos de forma ascendente ou descendente.

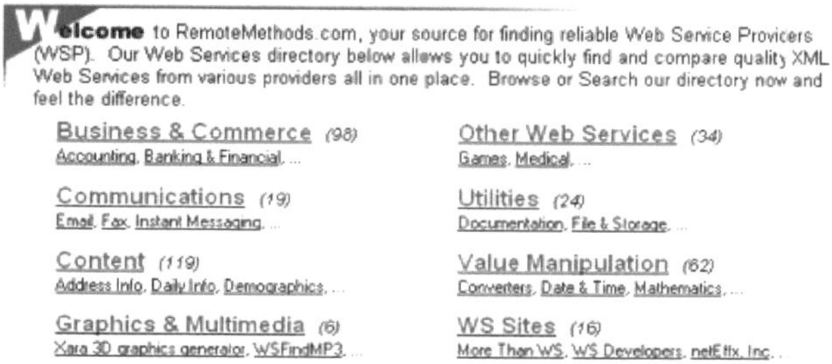

Figura 7. [4]Portal de acesso aos serviços Web da RemoteMethods .

Embora o RemoteMethods permita aos clientes navegar entre categorias através de simples ligações de hipertexto, não oferece qualquer meio de pesquisa de toda a informação que caracteriza os serviços.

2.5 Qualidade de serviço (*QoS*):

Com o aumento exponencial da utilização de serviços Web, a noção de qualidade de serviço surgiu nos últimos anos e está a tornar-se cada vez mais importante para clientes e fornecedores de serviços. A seleção de serviços evoluiu rapidamente, integrando no processo de seleção não só informações funcionais, mas também informações não funcionais (qualidade do serviço), como o desempenho, a fiabilidade, a segurança, etc.

Nesta secção, abordamos o conceito de qualidade do serviço, a sua definição, os seus atributos e alguns prestadores de serviços que integram a qualidade do serviço.

2.5.1 Definição

Na literatura, existem várias definições do conceito de QoS. A norma ISO 9001: 2000 define qualidade como "*a totalidade das caraterísticas de um produto ou serviço relacionadas com a sua capacidade de satisfazer requisitos implícitos ou explícitos*". Esta definição explica que os bons produtos ou serviços são aqueles que melhor satisfazem esses requisitos.

[Vogel et al., 1995] define qualidade de serviço como "*o conjunto de caraterísticas quantitativas e qualitativas de um sistema multimédia, necessárias para alcançar a funcionalidade exigida pela aplicação*".

Outra definição é dada por [Robertson et al., 1999]: "*QoS são as propriedades que tornam o produto mais atrativo, mais fácil de utilizar, mais rápido ou mais fiável*". Os autores especificam que as propriedades de QoS não são obrigatórias, uma vez que não representam a atividade principal do produto, mas são recomendadas para descrever a forma como as suas actividades devem ser realizadas.

[Ben Halima 2009] define QoS como "*a atitude de um serviço para responder adequadamente aos requisitos, expressos ou implícitos, que visam satisfazer os seus utilizadores*". Vários aspectos podem caraterizar esses requisitos, como o tempo de resposta, a

---

[4] http://www.remotemethods.com, último acesso em janeiro de 2017

capacidade, a disponibilidade, etc.

Podemos ver que a QoS é um conjunto de requisitos não funcionais que visam fornecer aos utilizadores um meio de encontrar os serviços mais relevantes entre vários outros candidatos que oferecem a mesma funcionalidade.

2.5.2 Modelos de qualidade dos serviços

Na literatura, vários modelos são propostos para formalizar as propriedades de QoS, quase todos os modelos propostos são inspirados no primeiro modelo W3C.

2.5.2.1 Modelo Kangchan

O World Wide Web Consostium (W3C) [**Kangchan et al., 2003**] identificou um conjunto de propriedades para a QoS: desempenho, fiabilidade, escalabilidade, capacidade, robustez, tratamento de excepções, precisão, integridade, acessibilidade, disponibilidade, interoperabilidade, segurança e requisitos de QoS da rede.

S *Desempenho*: representa a rapidez com que um pedido de serviço é concluído. É medido em termos de débito, tempo de resposta, latência, tempo de execução, tempo de transação, etc.

S Fiabilidade: representa a capacidade de desempenhar as suas funções em condições especificadas num determinado período de tempo e está ligada ao número de avarias por dia, semana ou ano.

S *Escalabilidade*: representa a capacidade de aumentar a capacidade de processamento do prestador de serviços e a capacidade de processar mais pedidos de utilizadores num determinado período de tempo. Um sistema escalável deve ser capaz de garantir um bom desempenho à medida que o número de pedidos a processar aumenta.

S *Capacidade*: representa o número de pedidos que podem ser processados simultaneamente.

S *Robustez*: representa o grau em que o serviço pode funcionar na presença de dados inválidos, incompletos ou contraditórios.

S *Tratamento de excepções*: Os serviços Web devem ser fornecidos com uma funcionalidade integrada de tratamento de excepções.

S *Exatidão*: define a taxa de erro produzida pelo serviço. O número de erros gerados pelo serviço deve ser reduzido ao mínimo.

S *Integridade*: a integridade do serviço Web deve ser assegurada de modo a que o sistema possa impedir o acesso não autorizado aos dados ou programas do sistema.

S *Acessibilidade*: Os serviços Web devem ser fornecidos com um elevado nível de acessibilidade. Representa a capacidade do serviço para satisfazer os pedidos dos clientes. A acessibilidade pode ser alcançada através de uma elevada escalabilidade.

f *Disponibilidade*: o serviço Web deve estar pronto para utilização imediata. Representa a probabilidade de o sistema estar ativo. O TTR (time-to-repair) indica o tempo necessário para reparar um serviço Web e está associado à disponibilidade.

f *Interoperabilidade*: um serviço Web deve ser interoperável entre os diferentes ambientes de desenvolvimento utilizados para implementar serviços Web.

f *Segurança*: o fornecedor de serviços deve aplicar diferentes abordagens para fornecer serviços com um elevado nível de segurança. A segurança dos serviços Web significa fornecer: autenticação, autorização, confidencialidade, rastreabilidade, adaptabilidade, cifragem, etc.

2.5.2.2 Modelo de execução

Run [**Run 2003**] organizou os atributos de QoS em categorias. Cada categoria tem um conjunto de parâmetros quantificáveis e mensuráveis:

f Atributos de QoS relacionados com o tempo de execução: escalabilidade, capacidade, desempenho (tempo de resposta, latência e débito), fiabilidade, disponibilidade, robustez, tratamento de excepções e precisão.

f Atributos relacionados com o suporte da transação: integridade da transação.

f Atributos de preço da gestão da configuração: normas de apoio, estabilidade, preço e exaustividade.

f Atributos de segurança: autorização, confidencialidade, rastreabilidade, adaptabilidade, cifragem e não repúdio.

2.5.2.3 Modelo de Gwyduk

Os autores [**Gwyduk et al., 2006**] classificam a QoS em três categorias: a visão ao nível do sistema, a visão ao nível do serviço e a visão ac nível do negócio.

f A visão ao nível do sistema: são as qualidades que têm uma relação com os serviços Web e as plataformas. Os atributos deste nível são :

o Interoperabilidade: define o nível de interoperabilidade dos serviços Web. Este atributo é descrito de acordo com os seguintes factores:

- Conformidade: avalia o grau de conformidade com as normas.
- Interoperabilidade: avalia se o serviço Web é interoperável.

o Capacidade de gestão: significa a utilização de determinados objectos para a gestão da qualidade, tais como relações entre objectos, identificação, estado e estrutura dos dados, operações e eventos de gestão dos serviços Web. Este atributo é descrito de acordo com os seguintes factores:

- Introspeção: fornece informações sobre classes de serviços Web, recursos e respectivos estados.
- Controlo: gere serviços e recursos Web, incluindo informações obtidas através de introspeção.
- Notificação: notifica-o de alterações ao serviço ou recurso Web.
- Gestão do serviço Web: gere o próprio serviço Web.

o Processamento comercial: a qualidade do processamento comercial descreve um conjunto de indicadores para a otimização comercial quando os parceiros comerciais executam processos comerciais utilizando serviços Web. Para obter um processamento comercial de alta qualidade, devem ser satisfeitos os seguintes factores

- Fiabilidade da mensagem: representa o estado de entrega da mensagem.
- Colaboração: este fator refere-se ao estado da colaboração empresarial para combinar, conceber e implementar o processo empresarial.

o Segurança: representa a capacidade de garantir que as mensagens não são repudiadas, a autenticação, a confidencialidade, etc.

S A visão ao nível do serviço: são as qualidades que podem ser vistas pelo utilizador quando utiliza o serviço. Os atributos deste nível são: o Desempenho: representa a rapidez com que um serviço responde a um pedido. O desempenho é medido em termos de tempo de resposta e de débito máximo.

- Tempo de resposta: o período de tempo entre o envio do meu pedido e a receção de uma resposta.
- Débito máximo: o número máximo de serviços que podem ser processados pela plataforma do fornecedor de serviços num determinado período de tempo.

o Estabilidade: representa a estabilidade do serviço para continuar a servir os clientes. É medida em termos de disponibilidade, acessibilidade e sucesso.

- Disponibilidade: é o rácio do período de tempo durante o qual o serviço existe e responde aos pedidos dos clientes.
- Acessibilidade: representa o grau em que um serviço é opërañonnel para processar mensagens sem interrupção.
- Êxito: representa o grau em que as mensagens de pedido do cliente são respondidas com êxito e sem erros.

A visão a nível empresarial: os atributos a nível empresarial diferenciam os serviços Web de acordo com os valores empresariais. Os atributos deste nível são :

- o Taxa de serviço: indica o custo necessário para solicitar o serviço.
- o Grau de compensação: indica a percentagem do preço de execução que será reembolsada no caso de o prestador de serviços não poder honrar o seu compromisso de serviço.
- o Taxa de penalização: especifica a percentagem do preço de desempenho a pagar pelo cliente se a ordem de serviço for cancelada.
- o Reputação: mede a confiança no serviço, com base na experiência de diferentes utilizações do serviço.

2.5.3 Base de dados QoS: Conjunto de dados QWS

2.5.3.1 Apresentação do conjunto de dados QWS

O objetivo desta base de dados [Al-Masri et al., 2007a] é fornecer aos investigadores na área dos serviços Web um conjunto de dados para a expërimentação do seu trabalho. Trata-se de uma base de dados que fornece um conjunto de 365 serviços Web reais que existem atualmente na Web. A última atualização desta base de dados, que inclui um conjunto de 2.507 serviços Web e as suas métricas QWS, foi realizada em março de 2008.

[5]Os serviços Web recolhidos no QWS Dataset são recuperados por um Web Service *Crawler* Engine (WSCE) [Al-Masri et al., 2007c], a maioria dos quais são obtidos de várias fontes, como registos UDDI, motores de busca e portais de serviços. Estes serviços são depois centralizados numa única base de dados designada por QWS Dataset.

Para procurar um serviço Web na base de dados do QWS Dataset, temos de basear a nossa pesquisa nas qualidades do serviço. Assim, será possível encontrar os serviços Web mais relevantes que melhor satisfazem as prëfërences do utilizador em termos de qualidade de serviço. As propriedades de qualidade de serviço definidas nesta base de dados são prësentëes na figura seguinte:

ID	Parameter Name	Description	Units
1	Response Time	Time taken to send a request and receive a response	ms
2	Availability	Number of successful invocations/total invocations	%
3	Throughput	Total Number of invocations for a given period of time	invokes/second
4	Successability	Number of response / number of request messages	%
5	Reliability	Ratio of the number of error messages to total messages	%
6	Compliance	The extent to which a WSDL document follows WSDL specification	%
7	Best Practices	The extent to which a Web service follows WS-I Basic Profile	%
8	Latency	Time taken for the server to process a given request	ms
9	Documentation	Measure of documentation (i.e. description tags) in WSDL	%
10	WsRF	Web Service Relevancy Function: a rank for Web Service Quality	%
11	Service Classification	Levels representing service offering qualities (1 through 4)	Classifier
12	Service Name	Name of the Web service	None
13	WSDL Address	Location of the Web Service Definition Language (WSDL) file on the Web	None

Figure 8. [6]Propriedades da qualidade de serviço do conjunto de dados QWS .

Tempo de resposta: é o tempo que decorre entre o envio do pedido pelo cliente e a receção

[5] http://www.uoguelph.ca/~qmahmoud/qws/index.html, último acesso em setembro de 2018.
[6] http://www.uoguelph.ca/~qmahmoud/qws/search. html acedido pela última vez em setembro de 2018.

da resposta pelo serviço Web. A unidade de medida é o ms (milissegundos).

Disponibilidade: é medida pelo rácio entre o número de invocações bem sucedidas e o número total de invocações.

Taxa **de transferência**: representa o número de invocações durante um determinado período de tempo. A unidade de medida é (invocações/segundo).

Sucesso: mede-se pelo rácio entre o número de respostas e o número de pedidos.

Fiabilidade: é medida pelo rácio entre o número de mensagens de erro e o número total de mensagens.

Latência: é o tempo que o servidor demora a processar a mensagem. A unidade de medida é ms (milissegundos).

2.5.3.2 Função de pesquisa no conjunto de dados QWS :

O conjunto de dados QWS oferece um método de pesquisa por uma única palavra-chave.

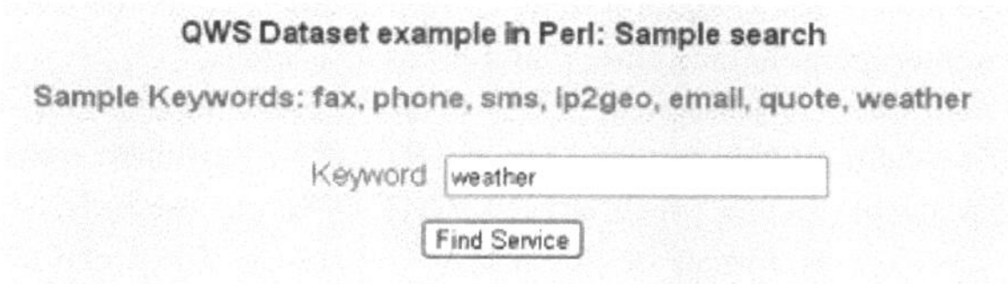

Figure 9. [7]Máscara de pesquisa do conjunto de dados QWS .

O precedente resultado da pesquisa devolve todos os serviços Web que correspondem à consulta.

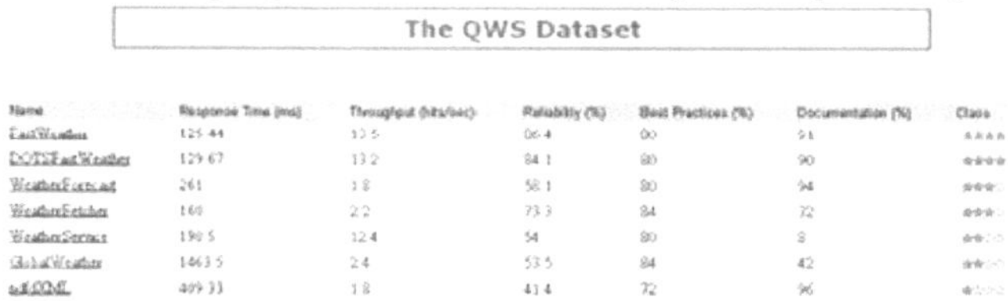

The QWS Dataset

Name	Response Time (ms)	Throughput (hits/sec)	Reliability (%)	Best Practices (%)	Documentation (%)	Class
FastWeather	125.44	[illegible]	[illegible]	[illegible]	[illegible]	★★★★
DOTSFastWeather	129.67	13.2	84.1	80	90	★★★★
WeatherForecast	261	1.8	58.1	80	94	★★★
WeatherFetcher	160	2.2	73.3	84	72	★★★
WeatherService	190.5	12.4	54	80	8	★★
GlobalWeather	1463.5	2.4	53.5	84	42	★★
ndfdXML	409.33	1.8	41.4	72	96	★

Figura 10. Resultados da pesquisa do exemplo anterior [6].

2.5.3.3 Classificação dos serviços do conjunto de dados QWS

A classificação de serviços do QWS Dataset representa um conjunto de níveis de serviço com base na QoS. Existem quatro classificações:

1. Platina (nível elevado)
2. Ouro
3. Prata
4. Bronze (baixa qualidade)

A classificação baseia-se na qualidade oferecida pelo serviço fornecido pelo WsRF. A WsRF (Web service Relevancy Function) é um método desenvolvido por [Al-Masri et al., 2007b], que avalia a qualidade dos serviços da mais baixa para a mais alta qualidade sob a forma de estrelas, de zero a quatro.

A QWS Dataset oferece serviços testados durante três dias consecutivos, com resultados de testes obtidos em duas redes diferentes. Esta base de dados dá um apoio considerável aos investigadores no domínio da QoS. No entanto, o QWS Dataset baseia-se na qualidade do serviço e negligencia a parte funcional dos serviços. Além disso, o QWS Dataset não oferece

[7] http://www.uoguelph.ca/~qmahmoud/qws/search. html acedido pela última vez em setembro de 2018.

critérios de pesquisa ricos, de facto a pesquisa é feita apenas por palavras-chave.

2.5.3.4 Desvantagens do conjunto de dados QWS

De acordo com [Kritikos et al., 2009], esta base de dados apresenta uma série de deficiências, que se resumem de seguida:

1- Fornece o valor médio de cada atributo de QoS, e não o mínimo e o máximo.
2- O número de atributos QoS (métricas) é fixo e pequeno (tempo de execução e débito).
3- Não há meios de aceder a todas as medições efectuadas para cada serviço.

2.6 Conclusão

Os serviços Web são entidades de software que oferecem funções específicas na Web. A descrição do serviço é utilizada para fornecer ao cliente todas as informações necessárias para utilizar corretamente o serviço. Estas informações incluem o identificador do serviço, os inputs e outputs, os tipos de dados manipulados, os nomes das operações e a forma de interagir com cada uma delas. A comunicação entre o cliente e o serviço baseia-se em normas para simplificar a interoperabilidade entre plataformas e sistemas.

Os serviços são publicados em diretórios acessíveis na Web. Estes diretórios permitem que os fornecedores de serviços publiquem os seus serviços e os partilhem com os utilizadores. Permitem também que os clientes procurem os serviços Web que pretendem.

A descrição do serviço e as normas de publicação que apresentámos não oferecem qualquer informação sobre a qualidade do serviço, como o tempo de execução, a fiabilidade, a disponibilidade, etc. Esta informação é muito importante para selecionar os melhores serviços. Esta informação é muito importante para selecionar os melhores serviços.

Nos últimos anos, o operador Skyline surgiu como um novo e popular paradigma para encontrar os serviços Web mais relevantes com base em dados de QoS. No próximo capítulo, apresentamos o método Skyline e os seus algoritmos, bem como o trabalho de investigação sobre a seleção de serviços Web com base no método Skyline e nas suas variantes.

3 Seleção de serviços Web baseados no horizonte

Neste capítulo introduzimos o conceito de Skyline, em seguida apresentamos os algoritmos básicos de computação Skyline propostos na literatura, destacaremos as vantagens e desvantagens de cada algoritmo, depois, apresentamos algumas variantes de consultas Skyline, expomos em seguida, os trabalhos que adotaram algoritmos Skyline para a sëlection de Web services. No final deste capítulo, realizaremos uma ëtude comparativa entre estes trabalhos.

3.1 Introdução

A idëe de Skyline vem dos primeiros trabalhos sobre o probtoma de contorno [McLainet al., 1974], o vetor maximal [Kunget al., 1975] e o envelope convexo [Preparata et al, 1985], foi introduzido pela primeira vez no domínio das bases de dados por [Borzsonyi et al., 2001]. Skyline é importante para várias aplicações que iK'cessitam a tomada de decisões multi-critério, tais como bases de dados e consultas com prëfërences do utilizador [Benouaret et al., 2012b], ...etc. Tomando um conjunto de objetos P1, P2, ...,Pn, o opërator Skyline retorna todos os objetos Pi, tais que Pi não é dominado por nenhum outro objeto Pj. o Skyline se baseia na relação de dominância de Pareto, dëfinida como segue:

Tomando Pi e Pj como dois pontos, diz-se que Pi domina Pj, dënotë por Pi < Pj, se Pi for melhor do que ou ëigual a Pj em todos os atributos e melhor estritamente em pelo menos um atributo (assumimos que o melhor valor é o menor).

\/u E[1,m], Gu(Pi) < Gu(Pj) Л B v E[1,m], Gv(Pi) < Gv(Pj)

m: o número de critérios, Gu(Pi): o valor do ponto Pi para o critério u.
Um exemplo de uma consulta que demonstra a relevância do operador Skyline é a de encontrar o hotel mais barato perto da praia numa base de dados de destinos.

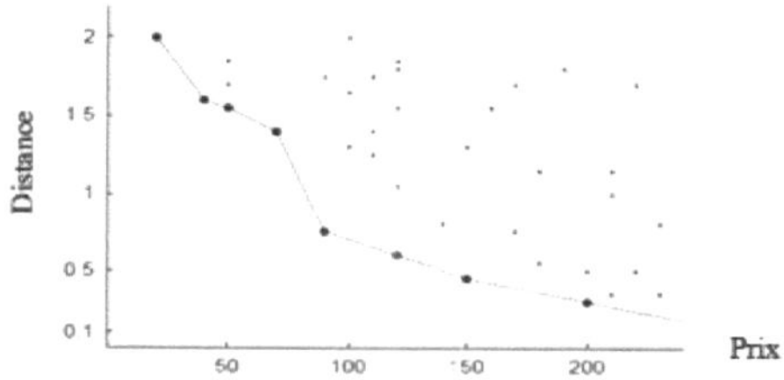

Figura 11. Skyline de hotéis [Borzsonyi et al., 2001].

A computação Skyline tem recebido uma atenção considerável não só na computação de bases de dados, mas também noutras áreas de investigação, como a computação de serviços. O Skyline de um conjunto de serviços Web contém os serviços Web que não são dominados por nenhum outro serviço Web em todos os critérios de QoS. Vários algoritmos e variantes do Skyline foram propostos pela OtO para calcular o Skyline dos serviços Web.

3.2 Algoritmos para calcular o Skyline

Os algoritmos de cálculo de Skyline disponíveis na literatura incluem: Block Nested Loop, Divide and Conquer, Bitmap, Index, Nearest Neighbor, Branch and Bound Skyline (BBS) e K-dominant-Skyline.

3.2.1 Loop aninhado em bloco (BNL)

O algoritmo Block Nested Loop (BNL) [Borzsonyi et al., 2001] é um algoritmo itorativo que percorre o conjunto de dados ao longo de várias iterações, mantendo em cada iteração uma lista de memória de pontos candidatos a Skyline.
Quando um ponto é lido, é comparado com os pontos candidatos na memória. Para cada ponto subsequente, há três casos possíveis:

1. Se p for dominado por qualquer ponto da Lista, é excluído do resultado Skyline.
2. Se p dominar qualquer ponto da lista, é inserido na lista e todos os pontos da lista dominados por p são eliminados.
3. Se p não for dominado e não dominar nenhum ponto da lista, é inserido na lista e pode fazer parte da lista Skyline.

A lista é auto-orgamsëe, pois cada ponto dominante encontrado6 é placë no topo da lista. Isso reduzirá as comparações porque cada ponto que domina vários outros pontos é pкcë primeiro.
O proЬlëте do algoritmo 1 BNL é que a lista pode tornar-se maior do que a mëmória [Papadias et al., 2003]. Neste caso, todos os pontos ëcartës durante as duas ëtapes (1 e 2) não aumentarão o tamanho da lista, mas serão placës num ficheiro temporário. Isso requer várias passagens do BNL, em particular no final da varredura do arquivo de dados, é necessário reiniciar o BNL usando o ponto no arquivo temporário como entradas.
A vantagem do BNL reside na sua ampla utilização, uma vez que pode ser utilizado para todas as dimensões sem indexar ou ordenar o ficheiro de dados. Os seus principais

inconvenientes são o facto de depender da memória central (uma memória pequena requer várias Orações), pelo que tem de ler todos os dados antes de devolver os primeiros resultados do Skyline.

3.2.2 Dividir e Conquistar (D&C) :

O algoritmo Divide and Conquer [Borzsonyi et al., 2001] passa por três ëtages para computar o resultado do Skyline que são: dividir, computar e fundir.

1. Dividir o conjunto de pontos em m partições $p_1, p_2, \ldots p_m$.
2. Calcule o resultado do Skyline s_i para cada partição p_i, utilizando qualquer algoritmo de cálculo do Skyline.
3. Juntar os resultados das m partições para obter o resultado final.

O algoritmo D&C é eficaz para pequenas bases de dados, mas para grandes bases de dados o particionamento requer a leitura e a escrita de dados pelo menos uma vez. Além disso, este algoritmo não pode produzir pontos Skyline progressivamente, uma vez que não pode dar quaisquer resultados até ao final do processo completo.

3.2.3 Mapa de bits

O algoritmo Bitmap [Tan et al., 2001] é proposto para garantir uma construção progressiva dos resultados do Skyline. O algoritmo Bitmap coloca a seguinte questão: "Um ponto p é dominado por outro ponto?". Se a resposta for iregativa, então esse ponto p pode ser devolvido imediatamente. Este algoritmo pode devolver pontos Skyline progressivamente, o tempo de resposta é reduzido em comparação com os algoritmos anteriores.

O algoritmo Bitmap envolve três tarefas [Yu et al., 2010]: criar vectores de bits, transformar bits em cadeias de bits e calcular o resultado do Skyline.

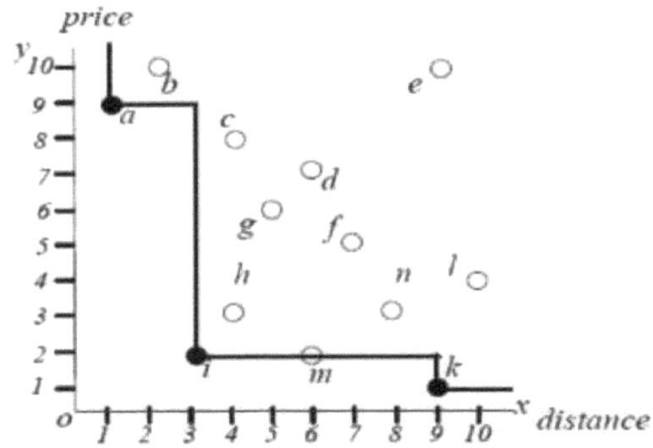

Figura 12. Exemplo de um resultado Skyline [Papadias et al., 2003].

O algoritmo Bitmap envolve três tarefas [Yu et al., 2010]: criar vectores de bits, transformar bits em cadeias de bits e calcular o resultado do Skyline.

1. Criação de vectores de bits: cada linha de dados x = $(x_1, x_2, \ldots, x_d)$ de d dimensões é convertida num vetor de m bits. m representa o número de bits diferentes de todas as dimensões. m = $\Sigma_d k$, ki é o número de valores distintos da i-ésima dimensão. Assim, x = (k1 bits, k2 bits, ..., k_d bits).
2. Transformação de vectores de bits em cadeias de bits: em vez de armazenar vectores de bits individualmente, o algoritmo Bitmap transpõe os vectores de bits para uma matriz de cadeias de bits.
3. Cálculo da linha do horizonte: o algoritmo utiliza a matriz de cadeia de bits para o cálculo

da linha do horizonte. Considere-se a linha de dados $x = (x_1, x_2, \ldots, x_d)$, em que x_i é o j-ésimo valor distinto na i-ésima dimensão. O algoritmo calcula C= $BS_{1j1}\&\ldots\&BS_{djd}$, em que & representa o operador lógico "e". me me BS_{ij} representa a cadeia de bits para o ji® valor distinto da i® dimensão. BS_{ij} contém n bits, em que n é o número total de registos de dados. Depois de calcular C, o algoritmo conta o número de "1's" na cadeia de bits C. Se C tiver dois valores iguais a "1", então o registo x não faz parte do resultado do Skyline. ememe O valor i igual a "1" na cadeia C corresponde ao registo de dados que domina o registo x.

id	coordinate	bitmap representation
a	(1.9)	(1111111111, 1100000000)
b	(2.10)	(1111111110, 1000000000)
c	**(4,8)**	(1111111000, 1110000000)
d	(6.7)	(1111100000, 1111000000)
e	(9.10)	(1100000000, 1000000000)
f	(7.5)	(1111000000, 1111110000)
g	(5.6)	(1111110000, 1111100000)
h	(4.3)	(1111111000, 1111111100)
i	(3.2)	(1111111100, 1111111110)
k	(9.1)	(1100000000, 1111111111)
l	(10.4)	(1000000000, 1111111000)
m	(6.2)	(1111100000, 1111111110)
n	(8.3)	(1110000000, 1111111100)

Figure 13. Exemplo de representação Bitmap [Papadias et al., 2003].

ememe No exemplo da figura 12, para saber se o ponto C (1111111000, 1110000000) pertence ao resultado Skyline, o algoritmo cria a cadeia de bits Cx= 1110000110000 e Cy= 0011011111111, justapondo os 4 e 8 bits correspondentes (ver figura 13). Calculando Cx&Cy = 0010000110000, este resultado indica que o ponto c é dominado pelos pontos 8 e 9 (*h* e *i*). A eficácia do algoritmo Bitmap reside nas operações binárias. Este algoritmo pode devolver rapidamente os primeiros pontos da linha do horizonte, tendo em conta as suas ordens de inserção. A desvantagem deste algoritmo é que não se pode adaptar às preferências do utilizador, o que é um critério importante para um bom algoritmo de Skyline. Além disso, o cálculo completo do Skyline é muito dispendioso, porque, para cada ponto testado, tem de utilizar os bitmaps de todos os outros pontos para obter a justaposição. Também não é adequado para conjuntos de dados dinâmicos, uma vez que a inserção pode alterar a ordem dos valores dos atributos.

3.2.4 Índice

O algoritmo proposto por [Tan et al., 2001] baseia-se na árvore B. Propõe um mecanismo de transformação que converte pontos com várias dimensões num único valor, esta transformação organiza o espaço de dados em diferentes partições com base nas dimensões com os maiores valores e ordena cada partição. Após esta transformação, cada dimensão pode ser indexada utilizando o valor da transformação. O resto do cálculo é efectuado da seguinte forma:

1. Encontrar o primeiro ponto Skyline: o algoritmo percorre os índices em paralelo para encontrar o primeiro ponto Skyline em todas as dimensões. Este primeiro ponto é definitivo e pode ser devolvido ao cliente.
2. Remover pontos que não sejam da linha do horizonte: pegar no índice da primeira dimensão e percorrer o resto das entradas do índice após o ponto da linha do horizonte devolvido. Se as entradas após este ponto da linha do horizonte forem dominadas em todas as dimensões, então estes pontos não farão parte do resultado da linha do horizonte e devem ser

eliminados.

3. Calcular o resultado Skyline para os restantes pontos: para os outros pontos que têm entradas de índice inferiores ou superiores às dos pontos devolvidos. Os algoritmos Skyline são aplicados para produzir outros resultados Skyline.

Uma versão melhorada deste algoritmo é proposta por [Papadias et al., 2003], em que os pontos em *d* dimensões são organizados em *d* listas, sendo o ponto p =(p_1, p_2, ..., p_d) atribuído à lista número *i* (1 < i < d), se e só se as suas cadeias p_i no eixo número *i* forem as mínimas em todas as dimensões. Os pontos de cada lista são ordenados por ordem crescente, de acordo com as suas cadeias mínimas, e indexados utilizando uma árvore B. Esta operação permite devolver rapidamente os primeiros pontos Skyline e facilita a eliminação dos pontos não-Skyline.

list 1		list 2	
a (1, 9)	*minC*=1	*k* (9, 1)	*minC*=1
b (2, 10)	*minC*=2	*i* (3, 2), *m* (6, 2)	*minC*=2
c (4, 8)	*minC*=4	*h* (4, 3), *n* (8, 3)	*minC*=3
g (5, 6)	*minC*=5	*l* (10, 4)	*minC*=4
d (6, 7)	*minC*=6	*f* (7, 5)	*minC*=5
e (9, 10)	*minC*=9		

Figure 14. Exemplo de representação no Index [Papadias et al., 2003].

A principal vantagem do algoritmo de índice reside na sua capacidade de colocar rapidamente os primeiros pontos da linha do horizonte no topo das listas, mas tem a mesma desvantagem que o Bitmap: a ordem dos pontos da linha do horizonte é fixa e não suporta as preferências do utilizador.

3.2.5 Vizinho mais próximo (NN)

O algoritmo Skyline Nearest Neighbor (NN) [Kossmannet al., 2002] [Papadias et al., 2003], utiliza o resultado do algoritmo do vizinho mais próximo para particionar recursivamente os dados. O NN efectua a consulta utilizando uma árvore R para encontrar os pontos que têm distâncias mínimas (mindist) do ponto de partida dos eixos (ponto 0). O mindist de um ponto p ёдаle tem a soma das cadeias de p. Pode demonstrar-se que o primeiro ponto do vizinho mais próximo faz parte do resultado do Skyline.

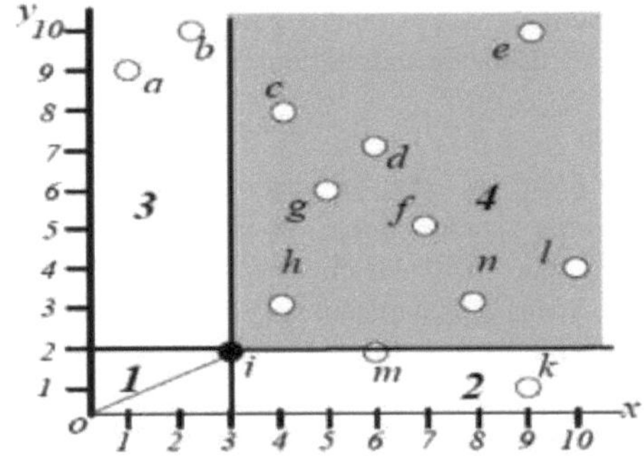

Figura 15. Primeiro ponto do Skyline com NN [Papadias et al., 2003].

O resultado Skyline é calculado da seguinte forma:

1. Calcular o vizinho mais próximo no ponto de partida dos eixos (0,0). O ponto devolvido no exemplo anterior *p1* = *{i}* é um ponto que faz parte do resultado do Skyline e pode ser

devolvido imediatamente ao cliente.

2. Dividir o espaço em diferentes partições. A partição entre o ponto 0 e o primeiro ponto Skyline *p1* deve estar vazia (Partição 1 na Figura 11). Os pontos na partição 4 são todos dominados por p1, pelo que são removidos do processo de cálculo. As partições 2 e 3 serão tratadas como novas partições. São inseridas na lista TO-DO.

3. Para cada partição na lista de tarefas, aplicar os passos 1 e 2 até a lista de tarefas estar vazia.

De acordo com [Papadias et al., 2003], o NN é mais rápido até 4 dimensões em comparação com os algoritmos anteriores, em particular o NN devolve o resultado completo do Skyline mais rapidamente do que o Índice e esta diferença aumenta com a dimensão do Skyline. Por outro lado, o Índice tem melhor desempenho para o retorno progressivo dos resultados do Skyline. Para mais de 03 dimensões, o custo do NN aumenta devido ao aumento do espaço de sobreposição entre as partições. Neste caso, o índice não é aplicável devido à grande necessidade de espaço. D&C e Bitmap não são favorecidos, pois os custos de fusão e carregamento do bitmap não são vantajosos. O BNL pode produzir pequenos esboços, mas o custo aumenta à medida que a dimensão do resultado do esboço aumenta, devido ao elevado número de iterações necessárias.

3.2.6 Linha do horizonte de ramos e limites (BBS)

O algoritmo BBS [Papadias et al., 2003], [Papadias et al., 2005] baseia-se no mesmo princípio que o NN, utiliza uma pilha para determinar a ordem de recuperação dos dados e o índice da árvore R:

1- O BBS percorre as entradas da árvore R (folhas e intermediários) por ordem crescente das suas distâncias ao eixo 0.

2- Cada ponto adicionado à lista Skyline durante a execução do algoritmo tem a garantia de permanecer na lista final de pontos Skyline.

3- Para cada ponto examinado, pelo menos um dos seus nós ancestrais é removido da pilha.

Vejamos o exemplo do Erro! Fonte da referência não encontrada, o BBS parte do nó raiz da árvore R, insere a entrada e7 que é a mínima em mindist, depois insere a entrada e_6. A entrada mindist mínima (e_7) é expandida, eliminando a entrada e7 e inserindo os seus filhos (e_3, e_4, e_5) na pilha, o vizinho mais próximo na pilha é e3 que contém o mindist (i = 5), e3 é removido da pilha e substituído pelas folhas, (g,11), (h,7),(i 5), e como i domina h e g, é o primeiro ponto da linha do horizonte, pelo que é inserido na lista de pontos da linha do horizonte.

A pilha contém os elementos (e_6, e_4, e_5), o mind st de e6 é o mínimo, pelo que e6 é substituído na pilha pelos seus filhos e1 e e_2. A pilha contém assim (e_1, e_2, e_4, e_5), e2 e e5 são dominados por i e são descartados. O mindist é e1 (mindist =8), p1 é substituído pelas suas folhas, pelo que a pilha passa a conter (a, b, e_4), a domina b, pelo que b é removido da pilha, a não é dominado por i, pelo que a é adicionado à lista de Skyline. O elemento restante e4 é estendido, (k, l), o ponto k domina o ponto l, por isso elimina-se l. O ponto k não é dominado pelos pontos da linha do horizonte (i e a), por isso adiciona-se o ponto k à lista da linha do horizonte.

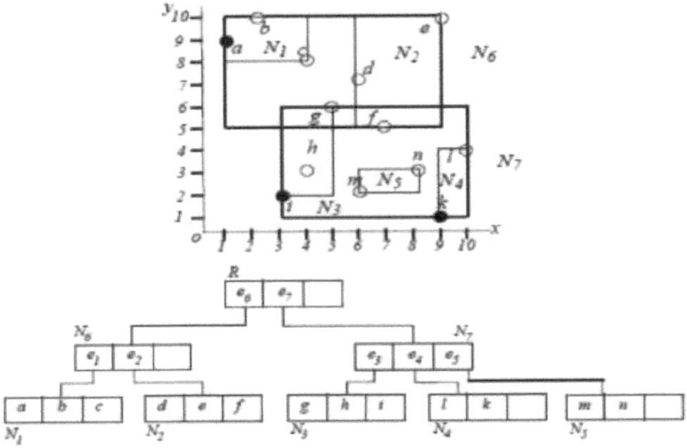

Figura 16. Exemplo de uma árvore R.

3.3 Variantes do Skyline

Uma das principais desvantagens do Skyline é que, quando o número de dimensões é muito grande, o tamanho do resultado do Skyline torna-se maior e deixa de oferecer perspetivas interessantes [Chan et al., 2006]. Para ultrapassar este inconvëniente, várias dërivëes variantes do Skyline têm ël e proposëes, incluindo: k-dominant Skyline, K-repr'sentative Skyline, Frequence Skyline e Top-k dominating Skyline.

3.3.1 Horizonte dominante K

A variante k-dominante de Skyline tem ëlë proposëe por [Chan et al. 2006]. Dado um conjunto de dados de *d* dimensões. Um ponto *p* k-domina outro ponto *q*, se existem *k* (*k*<*d*) dimensões em que p é melhor ou 'gal a *q* e melhor em pelo menos uma das *d* dimensões. Um ponto que não é k-dominado por nenhum dos outros pontos é devolvido no resultado K-dominante Skyline.

Os outros algoritmos de cálculo de Skyline apresentados anteriormente não são facilmente adaptáveis para encontrar Skylines K-dominantes. Este facto deve-se à propriedade transitiva da relação de dominância da linha do horizonte original, que já não é considerada k-dominante.

Para qualquer *k*<*d*, é possível ter três pontos *p, q, r* tais que *p* k-domina *q*, *q* k-domina *r* e *r* k-domina *p*, formando uma relação de dominância cíclica. Por conseguinte, um ponto não pode ser "esculpido" durante o processamento, mesmo que seja k-dominante, porque esse ponto específico pode ser utilizado para excluir outro ponto através de uma relação k-dominante. Os algoritmos de cálculo Skyline existentes não satisfazem este requisito.

3.3.2 Skyline representativo de K

Dado que o tamanho do resultado do Skyline não pode ser controlado, foi proposto o conceito de Skyline K-representativo para reduzir este resultado, devolvendo apenas os pontos mais relevantes. Consiste em segmentar o resultado do Skyline num conjunto de clusters e devolver um único ponto de cada cluster que melhor o represente. [Lin et al., 2007] propõe uma abordagem para calcular o retorno do Skyline k-representativo em que cada cluster é representado por um único ponto, de modo a maximizar o número de pontos dominados. Para o cálculo do top-k representativo das consultas Skyline, os autores propõem um algoritmo que utiliza a FM (Flajolet and Martin probabilistic counting technique) proposta por [Flajolet et al., 1985]. Por outro lado, [Tao et al., 2009] propuseram uma abordagem baseada em distância para computar o Top-k representativo do Skyline e escolher de cada cluster o ponto do Skyline que tem o melhor compromisso entre os critérios; os autores propuseramë um algoritmo computacional que computa os pontos representativos do Skyline diretamente sem passar pela computação do resultado total do Skyline; segundo os autores, uma melhor abordagem é retornar alguns pontos do Skyline rapidamente representando o contorno do resultado global do Skyline. Três algoritmos têm ële adoptadoës para calcular o top-k representativo do Skyline: o algoritmo Naive- greedy [Feder et al., 1988] calcula primeiro o resultado do Skyline antes de calcular o K-representativo do Skyline, calculando a distância entre os pontos do Skyline; o algoritmo I-greedy [Beckmann et al, 1990] é uma implementação eficiente do algoritmo Naive-greedy, baseado numa árvore R; o algoritmo Best-first [Hjaltason et al., 1999] devolve linhas do horizonte representativas sem calcular o resultado completo da linha do horizonte.

3.3.3 Skyline de frequência

O conceito de frequência da linha do horizonte foi proposto por [Chan et al., 2006b], mede o número de subespaços em que um ponto p é um ponto da linha do horizonte e, em seguida, o número de subespaços em que p é um ponto da linha do horizonte é adicionado para calcular a frequência da linha do horizonte. O cálculo do resultado da linha do horizonte para cada subespaço demora muito tempo.

De acordo com [Vlachou et al., 2010], a desvantagem desta variante é que todos os pontos Skyline que aparecem no mesmo subespaço têm a mesma frequência Skyline. Além disso, favorece pontos Skyline extremos que são melhores numa única dimensão, enquanto o objetivo do Skyline é devolver pontos que tenham um bom compromisso entre todas as dimensões.

3.3.4 Top-k dominando o Skyline

As consultas com prëfërences têm atraído a atenção na área de banco de dados, em particular, dois tipos de consultas que ganharam mais importância e foram estudadas em profundidade: consultas top-k e Skyline. Com as consultas Top-k, o utilizador fornece uma função de classificação para ordenar os objectos de acordo com as suas pontuações e devolver ao utilizador os melhores objectos top-k, no entanto, Skyline devolve o conjunto de objectos que não são domiiK's. A vantagem mais importante de uma consulta top-k é que o número de resultados é limitado, o que não é verdade para as consultas Skyline [Tiakas et al., 2007]. Top-k dominating Skyline combina as vantagens das consultas Top-k e Skyline com ëHш^я!: as suas desvantagens, atribuindo a cada objeto uma pontuação intuitiva baixaë sobre a dominância.

Foram propostos alguns algoritmos para calcular as consultas dominantes Top-k. [Papadias et al., 2005] propuseram um algoritmo dominante Top-k baseado em linhas de horizonte (STD) inspirado no algoritmo Branch-and-Bound Skyline (BBS). [Yiu et al., 2007] propuseram o Iterative Top-k Dominating Algorithm (ITD), uma versão optimizada do STD, que reduz o tempo de computação e se baseia numa estrutura de árvore R.

3.3.5 Skyrank

De acordo com [Vlachou et al., 2010], o Skyline tem como objetivo ajudar os utilizadores a tomar dëcisões inteligentes em dados complexos, dëcobrindo o conjunto de pontos mais intëressantes, em particular, quando existem muitos critérios e pontos Skyline conflituantes. No entanto, à medida que a dimensionalidade do conjunto de dados aumenta, o operador Skyline perde a sua eficiência ao devolver uma grande proporção dos dados, o que torna muito difícil para os utilizadores tomarem decisões. Os utilizadores precisam de uma lista organizada dos pontos Skyline mais relevantes. Os autores propuseram uma estrutura chamada SKYRANK para organizar os pontos Skyline, com ou sem uma função que define as prëfërências do utilizador. O SKYRANK baseia-se no "gráfico Skyline", que define as relações de dominância entre os pontos Skyline para subconjuntos de dimensões. Para demonstrar a eficácia desta abordagem, foi efectuado um estudo experimental em dados reais (NBA e DBLP) e em dados sintéticos. Os resultados foram comparados com as abordagens [Chan et al., 2006b] e [Tao et al., 2009].

3.4 Seleção de bases de serviços Web na linha do horizonte

Foram propostos vários trabalhos na literatura que utilizam uma variedade de algoritmos Skyline para a seleção e composição de serviços Web.

Na tese de [Benouaret 2012], o autor aborda várias questões relacionadas com a seleção de serviços Web Skyline, nomeadamente, a seleção de serviços Web Skyline maioritários, a consideração das preferências dos utilizadores para a otimização e composição de serviços Web, a otimização da seleção de serviços Web para múltiplos utilizadores com preferências contraditórias, a seleção de serviços com um bom compromisso entre atributos de QoS e a consideração do aspeto de incerteza dos dados de QoS, durante o processo de seleção de serviços Skyline. [Benouaret et al., 2012a] propôs um framework chamado WS-Sky para seleção de serviços Web baseados em QoS, foi apresentada uma variante do Skyline chamada σ- dominant Skyline para a ordenação de serviços Web Skyline considerados incomparáveis, além disso, essa variante permite reduzir o tamanho do resultado do Skyline quando necessário. No trabalho de [Benouaret et al., 2012b], o conceito coletivo Skyline foi proposto para abordar o problema de múltiplas preferências do usuário; para determinar a relevância de cada serviço Web, um grau' de correspondência a ëlë calcиlë entre as prëfërências do usuário e as restrições do serviço.

Para a sëleção de Web services com múltiplas prëfërências, [Benouaret et al., 2012c] introduziu o conceito de *Majority Skyline*, este conceito é dëfinido da seguinte forma: Seja Uum conjunto de utilizadores, s_i e s_j sejam dois serviços Web. Dizemos que s_i domina maioritariamente s_j se apenas se existir um subconjunto *U'* pertence a *U,* tal que *U'* contém mais do que o пюШë de utilizadores, sabendo que s_i domina s_j (s_i tem um grau de ligação melhor do que s_j para l'utilizador u_i em todas as prëfërences spëcifiëes) para todos os utilizadores do subconjunto *U'.* Uma caraterística específica *da maioria Skyline* é que um serviço dominado pela maioria não será ëcartedë como pode ser иШ18ë para ëcaЛer outros serviços. Para uma computação eficiente dos serviços maioritários do Skyline, o autor adapta os dois algoritmos OSA (One Scan Algorithm) e TSA (Two Scan Algorithm) [Chan et al. 2006].

Em outro trabalho em [Benouaret et al., 2011], 1 autor explica que a computação do Skyline de serviços privilegia serviços com um pobre trade-off entre critérios de QoS, e o tamanho do resultado do Skyline pode ser muito grande, exigindo muito esforço dos usuários. Para remëdier esses inconvënientes, o autor adota o opërator de dominância fuzzy para a computação Skyline de serviços Web:

Dado s_i, s_j dois serviços Web, a relação de dominância fuzzy é utilizada para expressar o grau em que s_i domina s_j.

Um algoritmo (a-DSSA: Dominance Service Skyline Algorithm) tem 't' propos' para calcular skylines de serviço difusas e de baixo nível numa estrutura de índice e numa árvore R.

Motivados por este trabalho, [Halfaoui et al., 2015] propuseram uma abordagem baseada na noção de "Fuzzy dominated Score", que permite classificar os serviços Web Skyline considerados incomparáveis no sentido Skyline (dominância de Pareto). Os autores propõem classificar os serviços Web Skyline incomparáveis utilizando uma relação denominada "*é dominado por*", que é o inverso da relação de Pareto "*é dominante*" [Halfaoui 2017]. Associa cada serviço Web ao número de serviços que o dominam. Para avaliar o desempenho desta abordagem, foi efectuado um estudo comparativo com a abordagem de [Benouaret et al., 2011], utilizando a base de dados [Al-masri et al., 2007].
Noutro trabalho de [Benouaret et al., 2012c], foi abordado o problema do cálculo de serviços Skyline a partir de dados incertos de QoS, segundo os autores, os valores de QoS podem mudar ao longo do tempo o que não reflecte o desempenho real dos serviços Web. Por exemplo, o tempo de resposta e a taxa de dados podem variar dependendo da qualidade da rede entre o cliente e o provedor de serviços. A computação de dados incertos de QoS torna-se assim uma tarefa muito importante. Os autores introduziram dois novos conceitos: o serviço Skyline *pós-dominante*, para calcular a possibilidade de um serviço dominar outro, e o serviço Skyline *nec-dominante*, para calcular a probabilidade de um serviço dominar outro, a fim de facilitar ao utilizador a seleção dos serviços Web pretendidos, tendo em conta a presença de dados de QoS incertos. Os dois novos conceitos baseiam-se na teoria da possibilidade para alargar a relação de dominância no caso de QoS incerta. O Two Scan Algorithm (TSA) [Chan et al. 2006] é adaptado para implementar os dois conceitos de serviço Skyline *pós-dominante* e serviço Skyline *nec-dominante*.
[Yu et al., 2009] Os autores adaptam os algoritmos Skyline existentes para calcular o melhor SEP (Service Execution Plan). O resultado Skyline dos SEPs representa o conjunto de SEPs que não são dominados por outros SEPs. Nesta contribuição, são propostos dois algoritmos (BBS4SEP e OGI) para calcular o serviço Skyline.

- Algoritmo BBS4SEP: trata-se de uma extensão do algoritmo BBS (Branch and Bound Skyline) através da implementação de algumas alterações ao BBS. O algoritmo BBS4SEP é capaz de calcular eficientemente SEPs Skyline.
- algoritmo OGI (Operation Graph based Indexing): é uma melhoria do algoritmo BBS4ESP e consiste em executá-lo numa árvore R indexada construída com base nos espaços ESP. O OGI oferece as seguintes vantagens:

1. Geração automática do espaço SEP para cada pedido de serviço ;
2. O índice da árvore R no espaço SEP tem uma dimensão reduzida em comparação com a árvore R do espaço original.

No trabalho proposto por [Yu et al., 2010a], os autores propõem dois algoritmos, OPA e DPA, além de uma abordagem heurística BUA, para selecionar os melhores serviços compostos.

1. OPA (Algoritmo de Uma Passagem): Durante uma única iteração no espaço SEP, lista os candidatos a SEP um a um e regista apenas os potenciais SEP. O resultado Skyline é devolvido depois de todas as SEP candidatas terem sido examinadas.
2. DPA (Dual Progressive Algorithm): o ADP lista progressivamente os MEP (Multiple services Execution Plans), por ordem crescente das suas pontuações. Isto permite que o resultado do Skyline seja devolvido progressivamente. Isto deve-se ao facto de cada PEM descoberto em último lugar não poder ter uma pontuação inferior à do PEM descoberto anteriormente.
3. BUA (Bottom-Up Approach): trata-se de uma abordagem heurística proposta para

otimizar o desempenho do algoritmo DPA. O desempenho do DPA está relacionado com o tamanho do espaço MEP e o tamanho da pilha. medida que o número de serviços aumenta, o espaço necessário será igualmente importante para ambos.
Noutro trabalho dos mesmos autores [Yu et al, 2010b], duas limitações foram ë1.ë levantadasë sobre as abordagens de otimização atuais, a primeira limitação é que a maioria das abordagens existentes são considerërëes como caixas pretas, onde o usuário tem que enviar seus pesos dos parâmetros de QoS para o servidor, que faz a sëleção e envia o resultado de volta para o usuário, sem qualquer flexibilidade para escolher os serviços dësirësed pelo próprio usuário. A segunda limitação é que as abordagens actuais assumem que a qualidade do serviço prestado não se altera com o tempo. No entanto, os valores de QoS não reflectem com exatidão o desempenho real do serviço. Isto deve-se ao facto de o desempenho poder mudar devido ao ambiente dinâmico dos serviços, por exemplo, o tempo de resposta e o débito de dados podem variar devido à qualidade da rede informática ou da rede Internet. Por conseguinte, a qualidade do serviço prestado pelos fornecedores de serviços é incerta.
Para ultrapassar estas limitações, foi introduzido um novo conceito *designado por serviço Skyline p-dominante* ë1ë.
Skyline p-dominante: a incorporação da incerteza da QoS na análise do serviço Skyline dá aos utilizadores uma compreensão aprofundada do comportamento do fornecedor de serviços num ambiente dinâmico.
Um fornecedor S pertence à linha do horizonte p-dominante se a probabilidade de S ser dominado por outro fornecedor for inferior a p, pe [0,1].
Para o cálculo da p-dominante-Skyline, o algoritmo proposto baseia-se numa nova estrutura de indexação, denominada *p-R-tree*. A árvore P-R permite descartar eficazmente objectos incertos que são p-dominados por outros objectos.
De acordo com [Dai et al., 2013], o Skyline pode ajudar a determinar a atribuição óptima de pesos a diferentes mëtricas. Com base na relação de dominância Skyline, o número de serviços candidatos pode ser reduzido e o processo de seleção pode ser simplificado. É introduzido um novo conceito denominado grau de dominância, que pode captar a escala de dominância dos serviços Web Skyline e ordena os resultados Skyline por grau de dominância.
No trabalho de [Alrifai et al., 2010], os autores propõem uma abordagem para a sëlection de Web services Skyline de forma a prepará-los para uma fase de composição. O objetivo é reduzir o espaço de pesquisa, concentrando-se apenas nos serviços Web que não são dominós. Para aтëHorer o desempenho desta abordagem, tem-se ë1.ë proposë de realizar a etapa de computação do Skyline em Offline, em caso de adição ou exclusão de um Web service, o resultado do Skyline é recalculo automaticamente. Para ultrapassar o problema da grande dimensão do resultado do Skyline, os autores propõem segmentá-lo num conjunto de clusters e selecionar um único serviço representativo de cada cluster. Foram utilizados cinco métodos para selecionar os serviços Web Skyline com vista à sua composição:

- Exact: utiliza a técnica de otimização MIP (Mixer Integer proramming) para selecionar serviços Web sem utilizar o Skyline ;
- ExactSkyline: semelhante ao método Exact, exceto que apenas tem em conta os serviços Web Skyline;
- SkylineRep: este método começa por efetuar um agrupamento hiorárquico no resultado do Skyline e retirar um único serviço Skyline de cada agrupamento, omitindo um serviço reprospectivo.
- Híbrido: utiliza o método MIP para a otimização global dos serviços Web [Alrifai et al.,

2009].

- HybridSkyline: semelhante ao método híbrido, exceto que é aplicado a serviços Web Skyline representativos.

Para demonstrar a eficiência destes métodos, os autores utilizaram a base de dados real proposta por [El-masri et al., 2007] e três bases de dados sintéticas: correlacionadas, anti-correlacionadas e independentes. Ao comparar os métodos Exact e ExactSkyline, foi observada uma melhoria significativa no desempenho quando o espaço de pesquisa foi restringido aos serviços Web Skyline. Esta melhoria também dependeu do tipo de base de dados utilizada. Por outras palavras, os autores verificaram que o método HybridSkyline teve um desempenho melhor do que os outros métodos.

[Skoutas et al., 2010] propõem duas abordagens para a descoberta e seleção de serviços Web. A primeira abordagem é uma metodologia de classificação de serviços Web relevantes para uma determinada consulta, introduzindo medidas objectivas baseadas em relações de dominância definidas entre serviços Web; foram utilizados três algoritmos de classificação:

- Pontuação dominada: O objetivo é encontrar rapidamente o conjunto de objectos que dominam cada objeto.
- Pontuação dominante: esta pontuação capta os objectos que dominam o maior número de outros objectos.
- Pontuação de dominância: uma pontuação de classificação que calcula um compromisso entre a pontuação de dominância e a pontuação dominante.

A segunda abordagem explora métodos de segmentação dos serviços relevantes de forma a refletir as diferentes soluções de compromisso entre parâmetros. Foram propostos dois algoritmos de agrupamento: o primeiro, denominado ASC (Approximate Skyline Clustering), é uma versão melhorada do método guloso [Tao et al., 2009], e o segundo, denominado HSC (Heuristic Skyline Clustering), parte da ideia básica de evitar as pesquisas mais dispendiosas.

[Chen et al., 2010] propuseram uma abordagem para a seleção de serviços Web Skyline representativos, propondo um método baseado numa medida de semelhança para calcular serviços Web Skyline representativos. Partindo do princípio que um ponto p é um ponto Skyline, se a distância entre o ponto p e o ponto q não for superior a 1, chamamos aos dois pontos p e q pontos 1-similares. Desta forma, os serviços Web Skyline são segmentados num conjunto de clusters 1-similares. O passo final consiste em utilizar o método do círculo de cobertura para selecionar o ponto mais representativo de cada cluster 1-similar. Para demonstrar a eficácia desta abordagem, os autores compararam os resultados com os das duas abordagens propostas por [Lin et al., 2007] e [Tao et al., 2009].

[Bouanaka et al., 2013] propuseram uma abordagem que consiste em três etapas: (i) os serviços Web são classificados de acordo com as suas funcionalidades, (ii) a função Skyline é aplicada a cada classe para selecionar apenas os serviços Web mais relevantes para a etapa seguinte, (iii) é utilizada uma função de utilidade para avaliar as qualidades multidimensionais globais de um determinado serviço, agregando o vetor QoS num único valor.

Os autores em [Kumar et al., 2016] começaram por agrupar os serviços Web que têm QoS semelhantes num conjunto de clusters, depois o Skyline é aplicado em cada cluster para eliminar os serviços Web dominantes e devolver apenas os serviços Web relevantes.

3.5 Resumo do trabalho de seleção de serviços Web baseados no Skyline

No quadro seguinte, efectuámos um estudo comparativo das diferentes abordagens à seleção de serviços

Web **baseados no** Skyline. Considerámos os seguintes critérios:

- O nome da variante Skyline
- O algoritmo básico ий^ё para o cálculo do Skyline.
- A relação de dominância utilizada (estrita, difusa ou probabilística)
- Apoio à importância dos critérios de seleção
- Ter em conta as preferências dos utilizadores
- Tratamento da incerteza nos dados QoS

A partir da tabela comparativa abaixo (Tabela 1), podemos ver que o operador Skyline atraiu muita atenção na comunidade de Computação de Serviços, onde foram propostas várias abordagens baseadas no Skyline e nas suas variantes, em particular para otimizar a seleção de serviços Web.

Verificámos que alguns trabalhos propuseram novas variantes do Skyline para responder a necessidades específicas, tais como: o-dominante [Benouaret et al., 2011] e p-dominante [Yu et al, 2010b] para computar serviços Web Skyline em dados de QoS incertos; Collective Skyline [Benouaret et al., 201b] e Majority Skyline [Benouaret et al., 2012c] para lidar com prëfërences conflituosas de múltiplos utilizadores. Outros trabalhos têm-se centrado no retorno progressivo dos resultados do Skyline [Yu et al., 2010a] propondo algoritmos Skyline específicos.

Outros estudos propuseram a substituição da relação de dominância estrita Skyline por outras relações de dominância, como a dominância difusa [Benouaret et al., 2012d] [Halfaoui et al., 2015], a probabilidade de dominância [Yu et al., 2010b] ou o grau de dominância [Dai et al., 2013]. Isto para satisfazer determinados objectivos, tais como: lidar com a incerteza dos dados de QoS ou ter em conta as preferências dos utilizadores.

Verificámos que existem poucos estudos de investigação baseados no Skyline que tenham em conta a importância dos critérios de QoS, dado que o Skyline atribui o mesmo nível de importância a todos os critérios de QoS. No entanto, isto difere de um domínio para outro, por exemplo, no domínio dos pagamentos electrónicos, o critério de segurança é mais importante do que os outros critérios de QoS.

Além disso, verificámos que o Skyline é utilizado em alguns estudos para reduzir o espaço de pesquisa, a fim de se concentrar em serviços Web que não são dominados por qualquer outro serviço Web [Elrifai et al., 2010], [Dai et al., 2013] [Kumar et al., 2016].

Tabela 1. Comparação das abordagens de seleção de serviços baseadas no Skyline.

Abordagem	Variante Skyline	Algoritmo	Relação de dominância	Importância dos critérios	Preferências do utilizador	1'dados de QoS de incerteza
[Benouaret et al., 2012a]	Horizonte G-dominante	Base em BBS	Borrão	Não	Não	Sim
[Benouaret et al., 201b].	Horizonte coletivo	-	Rigoroso	Não	Sim	Não
[Benouaret et al., 2012c]	Majority Skyline	-	Rigoroso	Não	Sim	Não
[Benouaret et al., 2012d]	Pos-dominante Nec-dominante	TSA (Algoritmo de duas varreduras)	Borrão	Não	Não	Sim
[Benouaret et al., 2011]	Horizonte a-dominante	Base em BBS	Borrão	Não	Não	Sim
[Halfaoui et al., 2015]	AFDetS	Base em SFS	Borrão	Não	Não	Sim
[Yu et al., 2009]	Horizonte SEP	BBS OGI	Rigoroso	Não	Não	Não

[Yu et al., 2010a],	Skylines multiservice	CONCURSO DE TOMADA DE POSSE DPA	Rigoroso	Não	Não	Não
[Yu et al., 2010b]	Skyline p-dominante	TPA	Probabilidade de dominância	Não	Não	Sim
[Dai et al., 2013]	Grau de dominância	Skyline	Grau de dominância	Não	Sim	Sim
[Alrifai et al., 2010],	Representação da linha do horizonte	Skyline + Clustering	Rigoroso	Sim	Não	Não
[Skoutas et al., 2010]	Domínio do top-k	Agrupamento + dominância Top-k	Rigoroso	Não	Não	Não
[Chen et al., 2010]	Similaridade baseada no Representative Skyline	SBRSA	Rigoroso	Não	Não	Não
[Bouanaka et al., 2013]	Skyline	BBS e BNL	Rigoroso	Não	Não	Não
[Kumar et al., 2016]	Skyline	Agrupamento + BNL	Rigoroso	Não	Não	Não

3.6 Conclusão

Neste capítulo, apresentámos o operador Skyline e as suas diversas variantes e algoritmos de cálculo, bem como o trabalho de investigação sobre a seleção de serviços Web com base no Skyline.

O operador Skyline é muito importante em vários domínios que exigem uma tomada de decisão multi-objetivo. Um ponto p é considerado um ponto Skyline se p for melhor ou igual a todos os outros pontos em todas as dimensões e se p for estritamente melhor do que todos os outros pontos em pelo menos uma dimensão. Existem muitos algoritmos para calcular as consultas Skyline, e apresentámos os que representam os algoritmos básicos, nomeadamente: BNL, D&C, índice, Bitmap, NN, BBS; para cada algoritmo, apresentámos os seus pontos fortes e fracos.

Recentemente, o Skyline ganhou muita atenção na comunidade da Computação Orientada para os Serviços (SOC), tendo sido propostos vários trabalhos para a otimização da seleção e dos serviços Web baseados em algoritmos e variantes Skyline. Verificámos que alguns trabalhos propuseram novas variantes do Skyline para satisfazer necessidades específicas, tais como: calcular serviços Web Skyline com dados de QoS incertos; tratar preferências contraditórias de vários utilizadores; e devolver progressivamente os resultados do Skyline. No entanto, há pouca investigação baseada no Skyline que tenha em conta a importância dos critérios de QoS, dado que o Skyline dá o mesmo nível de importância a todos os critérios de QoS.

No próximo capítulo, centrar-nos-emos na investigação sobre a contribuição dos métodos de apoio à decisão multicritério (MCDM) para a seleção de serviços Web.

4 Seleção de serviços Web com base em métodos MCDM

A sëleção de serviços Web, que possuem funcionalidades semelhantes com diferentes qualidades de serviço é dëfmie como ëtant a proЬlëте de apoio à decisão multicritério [Elrifai et al., 2010]. Vários métodos MCDM têm sidc propostos na literatura com o objetivo de oferecer ao utilizador um conjunto de ferramentas para escolher uma alternativa entre vários candidatos possíveis.

Neste capítulo, apresentamos os métodos de apoio à decisão multicritério mais utilizados para ponderação de critérios de QoS e seleção de serviços Web, nomeadamente o AHP, o fuzzy AHP e o Prometheus. De seguida, citamos trabalhos de investigação que utilizam ou adoptam métodos de apoio à decisão multicritério (MCDM) para a ponderação de critérios de QoS e seleção de serviços Web. Concluímos com um estudo comparativo entre estas diferentes abordagens com base em determinados critérios.

4.1 Métodos de apoio à decisão com critérios múltiplos (MCDM)

A tomada de decisão multicritério é um dos ramos mais importantes da investigação operacional cujo objetivo é conceber ferramentas matemáticas e computacionais para selecionar a melhor alternativa entre vários critérios por um único decisor ou por um grupo de decisores [Mohammadshahi et al., 2013]. Os métodos de apoio à decisão multicritério (MCDM) são um conjunto de metodologias para comparar, ordenar e selecionar alternativas, cada uma com vários atributos. Isso depende de uma matriz chamada matriz de avaliação ou matriz de decisão [Whaiduzzaman et al., 2014]. Os métodos MCDM podem ser usados para:

- Ponderação dos critérios: os métodos de ponderação permitem aos utilizadores exprimir as suas preferências em relação aos critérios, a fim de quantificar a importância do peso de cada critério.
- Ordenação das alternativas: o princípio subjacente a estes métodos consiste em ordenar ou classificar as alternativas em função do seu desempenho.

Note-se que certos métodos de ponderação podem ser utilizados para classificar alternativas, como o AHP e as suas variantes.

4.2 Métodos de ponderação

A ponderação de critérios é uma etapa muito importante no processo de tomada de decisão, ela quantifica 1 importância de crétos explorando 1 preferências do utilizador ou 1 dados históricos. Na literatura existem diversos mëtodos de ponderação de critérios [Almulla et al., 2015] [Lahby 2013], eles são classificados em duas categorias; a primeira categoria representa os métodos de ponderação subjetivos, eles consistem em explicitar as preferências para calcular os pesos dos critérios. Entre esses métodos estão: AHP [Saaty 1987], ANP [Saaty 1996] e AHP Floue [Laarhoven 1983] [Buckley 1985][Chang 1996].

A segunda categoria representa os métodos de ponderação objetiva, que utilizam dados para atribuir pesos aos critérios. Os métodos de ponderação objetiva incluem a entropia [Shannon 1948], FDCW (Fuzzy Distance Correlation Weighting) [Almulla 2011] e algoritmos genéticos [Goldberg 1988].

Nesta secção, apresentamos o AHP e o Fuzzy AHP como métodos de ponderação subjectivos e a entropia como um método de ponderação objetivo.

4.2.1 AHP (Analytic Hierarchy Process)

O AHP é um método de apoio à decisão multicritério desenvolvido por [Saaty 1987], frequentemente utilizado pelos decisores na comparação entre objectivos ou alternativas, que permite integrar a subjetividade do decisor sob a forma de pesos. O método AHP decompõe o problema da tomada de decisão multicritério sob a forma de uma estrutura hierárquica, reflectindo esta estrutura hierárquica a tendência natural e a mentalidade dos seres humanos. O AHP parte de matrizes de comparação binárias e, após uma série de operações de cálculo, chega a um vetor de pesos.

4.2.1.1 Etapas do método AHP

As etapas do método AHP são as seguintes [Lahby 2013]:

1- Etapa 1: Decompor o problema numa estrutura hierárquica, com o objetivo no topo da hierarquia, os critérios e subcritérios que contribuem para atingir o objetivo no nível intermédio e as alternativas no último nível.

2- Passo 2: Comparar os elementos de cada nível hierárquico em pares e construir as matrizes de comparação.

A forma geral de uma matriz de comparação é :

$$X = \begin{pmatrix} x_{11} & x12 & \dots & x_{1n} \\ x_{21} & x_{22} & \dots & x_{2n} \\ \dots & \dots & \dots & \dots \\ x_{n1} & x_{n2} & \dots & x_{nn} \end{pmatrix} \quad avec\ x_{ij} = \begin{cases} 1 & si\ i = j \\ \dfrac{1}{x_{ij}} & si\ i \neq j \end{cases} \tag{4.1}$$

Os valores destas matrizes são obtidos através da transformação da subjetividade do decisor em valores numéricos, utilizando a escala de Saaty:

Tabela 2. Escala Saaty do método AHP [Saaty 1987].

Grau de importância	Definição
1	Igual importância dos dois elementos
3	Pouca importância de um elemento em relação a outro.
5	Importância forte ou determinante de um elemento em relação a outro.
7	Importância comprovada de um elemento em relação a outro.
9	Importância absoluta de um elemento em relação a outro.
2,4,6,8	Valores intermédios entre duas avaliações semelhantes

3- Passo 3: Normalizar a matriz de comparação utilizando as seguintes fórmulas

$$a_{ij} = \frac{x_{ij}}{\sum_{1}^{n} x_{ij}} \tag{4.2}$$

$$A = \begin{pmatrix} a_{11} & a12 & \dots & a_{1n} \\ a_{21} & a_{22} & \dots & a_{2n} \\ \dots & \dots & \dots & \dots \\ a_{n1} & a_{n2} & \dots & a_{nn} \end{pmatrix} \tag{4.3}$$

4- Passo 4: Determinar a importância relativa de cada elemento

$$W_i = \frac{\sum_{j=1}^{n} a_{ij}}{n} \quad et \sum_{i=1}^{n} W_i = 1 \tag{4.4}$$

Ou: n representa o número de elementos a comparar.

5- Etapa 5: Para verificar a coerência dos julgamentos dos utilizadores, foram introduzidos dois índices por Saaty [Saaty 1987]: o índice de coerência (IC) e o rácio de coerência (CR).

- Cálculo do índice de coesão

$$CI = \frac{\lambda_{max} - n}{n-1} \tag{4.5}$$

- Cálculo de λ_{max}

$$\lambda_{max} = \frac{\sum_{i=1}^{n} b_i}{n-1} \quad sachant\ que\ b_i = \frac{\sum_{j=1}^{n} W_i * a_{ij}}{W_i} \tag{4.6}$$

sabendo queb

- Cálculo do rácio de coerência

$$RC = \frac{IC}{ACI} \tag{4.7}$$

Ou: ACI (Average Coherence Indication) representa o índice de coerência médio obtido a partir da tabela seguinte:

Tabela 3. Índice de coerência médio.

Dimensão da matriz	1	2	3	4	5	6	7	8	9	10
ACI	0.00	0.00	0.58	0.90	1.12	1.24	1.32	1.41	1.45	1.49

De acordo com Saaty, um valor de CR inferior a 10% significa que os julgamentos do utilizador são aceites. Se este valor for superior a 10%, o utilizador deve rever os seus julgamentos.

6- Etapa 6: Cálculo dos vectores próprios e das prioridades das alternativas

A última etapa consiste em calcular as prioridades globais das alternativas, a fim de obter uma classificação total das alternativas, de acordo com a seguinte fórmula [Ennaceur 2015] :

$$A_i = \sum_{j=1}^{n} V_{ij} * W_j \tag{4.8}$$

Onde: v_{ij} descreve o desempenho da alternativa Ai de acordo com o critério j, e w_j descreve o peso do critério j.

4.2.1.2 Vantagens e desvantagens do método AHP

[Ennaceur 2015] resumiu os seguintes benefícios do AHP:

- Este é o único método conhecido pela MCDM que permite medir a coerência das apreciações dos utilizadores;
- Também pode ajudar os utilizadores a organizar os aspectos críticos de um problema numa estrutura hierárquica, facilitando a gestão do processo de tomada de decisão;
- As comparações entre pares no AHP são frequentemente preferidas pelos decisores, permitindo-lhes calcular os pesos dos critérios e as dezenas de alternativas a partir das matrizes de comparação, em vez de quantificar os pesos/pontos diretamente.
- O método AHP pode ser combinado com outras técnicas para resolver problemas mais

difíceis.

- O AHP é mais fácil de compreender e pode gerir eficazmente dados qualitativos e quantitativos.

Apesar da sua vasta aplicação em vários domínios, o AHP tem sido criticado de vários pontos de vista [Lahby 2013] :

- O método AHP exige a dependência entre elementos do mesmo nível hierárquico;
- Os decisores podem ter extrema dificuldade em exprimir as suas preferências e efetuar juízos comparativos binários;
- o número de comparações entre pares aumenta à medida que aumenta o número de critérios ou alternativas;
- Na maioria das situações, o rácio de coerência RC excede 10%, o que significa que a matriz de comparação tem de ser reconstruída.

Para ultrapassar estas limitações, o método AHP foi alargado de várias formas, nomeadamente tendo em conta a incerteza na expressão dos juízos dos utilizadores (fuzzy AHP).

4.2.2 Fuzzy AHP

Devido à imprecisão e incerteza das apreciações dos utilizadores na comparação binária entre critérios e entre alternativas, o método AHP parece insuficiente para captar as apreciações dos utilizadores com maior precisão; por esta razão, a lógica difusa [Zadah 1965] foi introduzida pela primeira vez por [Laarhoven et al., 1983] no método AHP para ultrapassar esta limitação. Na teoria dos conjuntos difusos, um conjunto difuso é definido por uma função de associação e cada elemento tem um grau de associação. Foram propostos diferentes tipos de funções de pertença difusas: monotónica, triangular e trapezoidal. De acordo com [Laarhoven et al 1983], [Buckley 1985], [Chang 1996], [Kwong and Bai 2002] e [Tang 2009], os números fuzzy triangulares (TFN) são os mais adequados devido à sua simplicidade computacional e são aplicados com sucesso em muitas aplicações.

As diferentes fases do método AHP fuzzy :

- Etapa 1: Estruturação do problema como uma hierarquia: À semelhança do AHP, a primeira etapa consiste em decompor o problema de decisão complexo numa estrutura hierárquica.
- Etapa 2: Determinar a importância dos elementos: para indicar a escala de importância de cada elemento, os valores líquidos do AHP são substituídos por números fuzzy triangulares (1,3,5,7,9), ou :

Tabela 4. Números fuzzy triangulares

Valor líquido	Número difuso	Função
1	T	(1.1, 2)
3	3	(2,3, 4)
5	5	(4,5, 6)
7	7	(6,7, 8)
9	9	(8, 9,10)

- Etapa 3: construção da matriz de comparação fuzzy

Através da comparação binária difusa entre cada dois elementos, a matriz A é construída do seguinte modo

$$\tilde{A} = \begin{bmatrix} 1 & \tilde{a}_{12} & \dots & \tilde{a}_{1n} \\ \tilde{a}_{21} & 1 & \dots & \tilde{a}_{2n} \\ \\ \tilde{a}_{n1} & \tilde{a}_{n2} & \dots & 1 \end{bmatrix} \quad (4.9)$$

Ou, atjj é um número fuzzy triangular :

$$\tilde{a}_{ij} = \begin{cases} \tilde{1},\tilde{3},\tilde{5},\tilde{7},\tilde{9} \text{ or } \tilde{1}^{-1},\tilde{3}^{-1},\tilde{5}^{-1},\tilde{7}^{-1},\tilde{9}^{-1} & i \neq j \\ 1 & i = j \end{cases}$$

$\tilde{\lambda}$ Passo 4: resolver os vectores próprios difusos, com é um número difuso, solução a :

$$\tilde{A}\tilde{x} = \tilde{\lambda}\tilde{x} \quad (4.10)$$

$\tilde{a}_{ij}$, $\tilde{x}$ est un ıOu: A é uma matriz n*n, que contém o vetor n* dos números difusos.
A multiplicação e a adição difusa são efectuadas utilizando intervalos aritméticos e a-sliced.

$\tilde{A}$ λ O grau de satisfação com a matriz de avaliação é estimado utilizando o índice de otimismo p. Um valor mais elevado do índice indica um maior grau de otimismo.
A

$$a^{\alpha}_{ij} = \lambda \tilde{a}^{\alpha}_{iju} + (1-\lambda)\tilde{a}^{\alpha}_{ijl}, \forall \lambda \in [0,1] \quad (4.11)$$

λ Quando a é fixo, a seguinte matriz pode ser obtida após a definição do índice de otimismo , a fim de estimar o grau de satisfação.

$$\tilde{A} = \begin{bmatrix} 1 & a_{12} & \dots & a_{1n} \\ a_{21} & 1 & \dots & a_{2n} \\ \\ a_{n1} & a_{n2} & \dots & 1 \end{bmatrix} \quad (4.12)$$

Os cinco números fuzzy triangulares são definidos com a correspondente intensidade de importância do seguinte modo

$$\begin{aligned} &\tilde{1}_{\alpha} = [1, 3-2\alpha] \\ &\tilde{3}_{\alpha} = [1+2\alpha, 5-2\alpha], \tilde{3}^{-1}_{\alpha} = [1/(5-2\alpha), 1/(1+2\alpha)] \\ &\tilde{5}_{\alpha} = [3+2\alpha, 7-2\alpha], \tilde{5}^{-1}_{\alpha} = [1/(7-2\alpha), 1/(3+2\alpha)] \\ &\tilde{7}_{\alpha} = [5+2\alpha, 9-2\alpha], \tilde{7}^{-1}_{\alpha} = [1/(9-2\alpha), 1/(5+2\alpha)] \\ &\tilde{9}_{\alpha} = [7+2\alpha, 11-2\alpha], \tilde{9}^{-1}_{\alpha} = [1/(11-2\alpha), 1/(7+2\alpha)] \end{aligned} \quad (4.13)$$

- Etapa 5: verificar a coerência das apreciações do utilizador: da mesma forma que o método AHP.
- Etapa 6: Definição de prioridades e classificação das alternativas.

4.2.3 Entropia

A entropia de Shannon [Shannon 1948] é o método de ponderação objetiva mais popular; é uma medida que utiliza a teoria da probabilidade para medir a incerteza da informação.
As etapas do método da entropia são :

Passo 1: calcular a entropia de cada critério da seguinte forma:

$$E_j = -k\sum_{i=1}^{m} r_{ij}\, ln(r_{ij}), 1 \le i \le m, 1 \le j \le n. \qquad (4.14)$$

Onde: m representa o número de alternativas e :

$$k = 1/ln(m). \qquad (4.15)$$

$$r_{ij} = a_{ij} / \sum_{i=1}^{n} a_{ij}. \qquad (4.16)$$

Passo2: calcular o grau de dëviation da seguinte forma:

$$d_j = 1 - E_j \qquad (4.17)$$

O grau de dëviation mostra o quão útil o erкëre j é para o dëcideur. Se houver uma pequena diferença entre os valores de a сткëre, isso significa que as alternativas são indiferentes de acordo com este critério.

Passo 3: Calcular o peso da entropia para cada стkëre :

$$w_j = d_j / \sum_{j=1}^{n} d_j \quad 1 \le j \le n. \qquad (4.18)$$

4.3 Métodos de armazenamento

Nesta secção, apresentamos os métodos de apoio à decisão multicritério que foram propostos na literatura para classificar alternativas. Vários projectos de investigação exploraram estes métodos para selecionar serviços Web.

Estes incluem PROMETHEE [Brans et al, 1985] , ELECTRE [Roy 1968] e TOPSIS [Hwang et al, 1981].

4.3.1 PROMETHEE

O método PROMETHEE (Preference Ranking Organization METHod for Enrichment Evaluations) foi proposto por [Brans et al, 1985]; É um método MCDM que permite um ranking parcial ou global de alternativas de acordo com a sua relevância, incluindo as preferências do utilizador (pesos, preferências e limiares de indiferença), é um método de outranking onde cada par de alternativas é comparado; baseia-se na extensão da noção de стkëre pela introdução de uma função de preferência. Para cada critério, o utilizador é chamado a escolher uma função de preferência entre as seis funções propostas (Figura. 17), os parâmetros das funções são representados pelos limiares de preferência e indiferença [Albadvi et al., 2007] [Ayadi 2010].

As etapas do método PROMETHEE são :

- Passo : Para cada critério, definir uma das seis funções de base propostas no PROMETHEE (critério normal, critério em U, critério em V, critério de nível, critério em V com indiferença e critério gaussiano).
- Passo 2: Para cada par de alternativas (a_i, a_k), o grau de preferência (grau de superação) é calculado do seguinte modo

$$P(a_i, a_k) = \sum_{j=1}^{n} \pi_j . F_j(a_i, a_k) \qquad (4.19)$$

Em que π_j representa o peso do critério número j.

- Passo 3: Calcular os fluxos positivos e negativos para cada alternativa:

O fluxo positivo indica a força da alternativa *ai*

$$\Phi^{+}(a_i) = \sum_{a_k \neq a_i} P(a_i, a_k) \quad (4.20)$$

O fluxo пёдайГ indica a fraqueza de 1 alternativa *ai*

$$\Phi^{-}(a_i) = \sum_{a_k \neq a_i} P(a_k, a_i) \quad (4.21)$$

Passo 4: O PROMETHEE II é utilizado para classificar as alternativas de acordo com a pontuação do fluxo líquido Φ (ai), definida da seguinte forma:

$$\Phi(a_i) = \Phi^{+}(a_i) - \Phi^{-}(a_i) \quad (4.22)$$

De acordo com [Rehman et al., 2012], o método PROMETHEE é uma forma melhorada do método ELECTRE outranking, diferindo na etapa de comparação binária entre alternativas. Enquanto o ELECTRE determina se uma determinada alternativa é melhor do que outra, através de testes de concordância e discordância, o método PROMETHEE considera o grau de preferência para determinar se uma alternativa é preferível a outra, podendo esta informação ser utilizada para eliminar alternativas dominadas e identificar alternativas não dominadas ou menos dominadas.

O PROMETHEE classifica alternativas de forma parcial ou completa e é mais fácil de utilizar, menos complexo do que o método ELECTRE e oferece várias funções de preferência muito úteis [Peng et al., 2013].

1ère forme : Vrai-critère 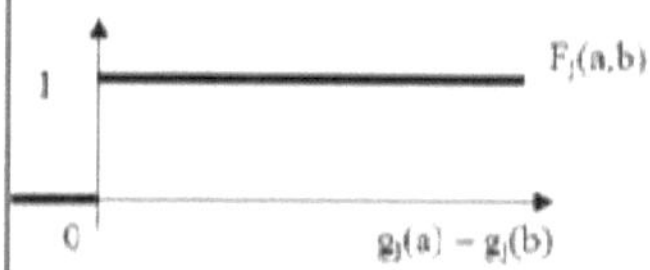	• Préférence stricte immédiate. • Pas de paramètres à déterminer. $F_j(a,b)=\begin{cases}1 & si \quad g_j(a)>g_j(b)\\ 0 & si \quad g_j(a)\leq g_j(b)\end{cases}$
2ème forme : Quasi-critère 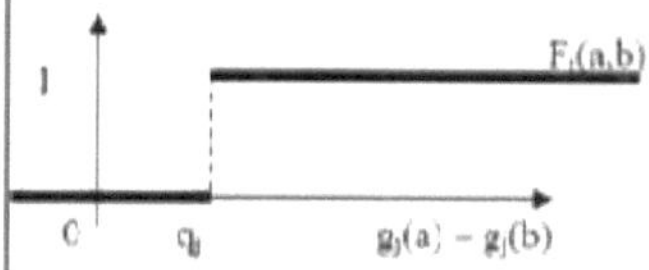	• Il existe un seuil d'indifférence (quasi-critère) qui doit être fixé. $F_j(a,b)=\begin{cases}1 & si \quad g_j(a)-g_j(b)>q_j\\ 0 & si \quad g_j(a)-g_j(b)\leq q_j\end{cases}$
3ème forme : Pré-critère 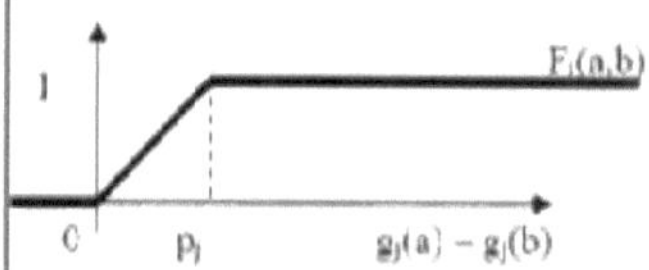	• La préférence croit jusqu'à un seuil de préférence qui doit être fixé. $F_j(a,b)=\begin{cases}1 & si \quad g_j(a)-g_j(b)>p_j\\ \dfrac{g_j(a)-g_j(b)}{p_j} & si \quad 0<g_j(a)-g_j(b)\leq p_j\\ 0 & si \quad g_j(a)-g_j(b)\leq 0\end{cases}$
4ème forme : Pseudo-critère 1 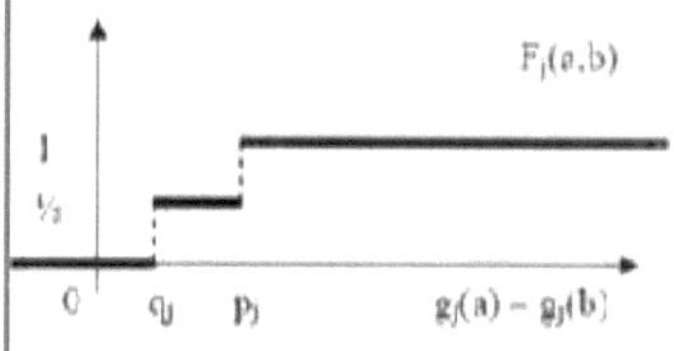	• Il existe un seuil d'indifférence et un seuil de préférence à fixer (pseudo-critère); entre les deux, la préférence est moyenne. $F_j(a,b)=\begin{cases}1 & si \quad g_j(a)-g_j(b)>p_j\\ ½ & si \quad q_j<g_j(a)-g_j(b)\leq p_j\\ 0 & si \quad g_j(a)-g_j(b)\leq q_j\end{cases}$

5ème *forme : Pseudo-critère 2* 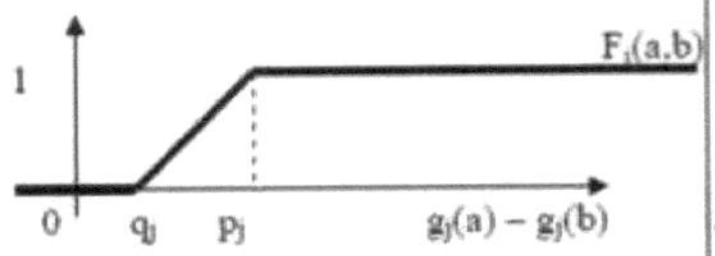	• Il existe un seuil d'indifférence et un seuil de préférence à fixer; entre les deux la préférence est croissante. $F_j(a,b)=\begin{cases} 1 & si\ g_j(a)-g_j(b)>p_j \\ \frac{g_j(a)-g_j(b)-q_j}{p_j-q_j} & si\ q_j<g_j(a)-g_j(b)\leq p_j \\ 0 & si\ g_j(a)-g_j(b)\leq q_j \end{cases}$
6ème *forme : Critère gaussien* 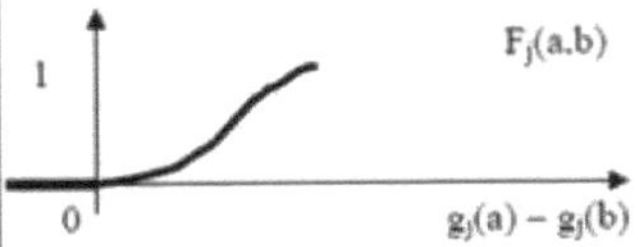	• La préférence croit suivant une loi gaussienne dont il faut fixer l'écart type. $F_j(a,b)=1-\exp(\frac{g_j(a)-g_j(b)}{-2\sigma^2})$ (avec σ = écart-type)

Figura 17. Funções de preferência PROMETHEE [Ayadi 2010] .

4.3.2 ELECTRO

O ELECTRE é um método MCDM desenvolvido por [Roy 1968], é uma série dos chamados métodos de outranking que foram inicializados pelo mesmo autor com a sua equipa (ELECTRE I, ELECTRE II, ELECTRE III, ELECTRE IV, ELECTRE IS, e ELECTRE TRI) [Ayadi 2010] [Mohammadshahi et al., 2013]. De acordo com [Whaiduzzaman et al., 2014] a variante mais simples dos métodos ELECTRE envolve até 10 passos, efectua uma comparação binária entre alternativas para determinar as suas relações de outranking, estas relações são depois exploradas para identificar e eliminar alternativas que são dominadas por outras, produzindo assim um conjunto mais pequeno de alternativas.

A família de métodos ELECTRE pode ser utilizada para resolver três tipos de problemas:

- Problema de escolha: consiste em selecionar um subconjunto tão pequeno quanto possível do conjunto de alternativas, como ELECTRE I e ELECTRE Is ;
- Problema de ordenação: trata-se de atribuir a cada alternativa uma classe predefinida: ELECTRE Sort.
- Problema de classificação: trata-se de classificar as alternativas da melhor para a pior, como por exemplo: ELECTRE II, ELECTRE III e ELECTRE IV.

4.3.3 TOPSIS

O método TOPSIS (Technique for Order of Preferences by Similarity to Ideal Solution) foi proposto por [Hwang et al., 1981], o seu princípio é encontrar uma solução que esteja próxima da solução idëal, e afastada da pior solução. Este mëtodo apresenta uma prëfërence para similaridade com uma solução idëal. Neste método, a matriz de decisão é primeiro normalizada utilizando a normalização vetorial, e as soluções idëal e anti-idëal são identificadas na matriz de decisão normalizada.

As ëtapes do mëtodo TOPSIS são rësumëes da seguinte forma [Lahby 2013]:

- Passo 1 : Normalizar a matriz de desempenho ;
- Passo2 : weightërer a matriz de desempenho normalizada;
- Passo3 : dëterminar a solução idëal positiva A+ e a solução idëal ligtitivaA- ;
- -Passo 4 : calcular a distância entre cada alternativa e A+ e A ;
- Etapa 5 : Calcular o coeficiente C, que mede a distância entre cada alternativa e a

duas soluções idëal e ^gativa.

- Passo 6: Classificar as alternativas de acordo com C.

4.4 Seleção de serviços Web utilizando métodos MCDM

A utilização de mëtodos imultiplicados de apoio à decisão para a resolução de determinados problemas não é nova. No contexto da sëlection de serviços Web, várias abordagens baseadas em mëtodos MCDM têm ëlë proposëes.

- No trabalho de [Godse et al., 2008], os autores propõem uma abordagem baseada no método AHP para a seleção de serviços Web. A estrutura hierárquica proposta é composta por três níveis, o primeiro nível descreve o objetivc principal que é a seleção de Web services, o segundo nível apresenta os três fatores : segurança do serviço, qualidade do serviço e consentimento do negócio, no terceiro nível, cada fator e dëclinë em um conjunto de atributos. Os atributos têm ëlë weightërës, os vectores de prévias têm ëlë calcutes e os web services têm ëlë rankës, permitindo ao utilizador final sëlect os web services mais relevantes.
- [Seo et al.2005] propõe uma abordagem que permite a seleção de serviços Web através da exploração das relações de outranking do método PROMETHEE. Os autores justificam a escolha do mëtodo PROMETHEE em relação aos mëtodos AHP e MAUT por: o O PROMETHEE permite a classificação de alternativas de difícil classificação comparando-o com outros mëtodos como o AHP e o MAUT.

o PROMETHEE não exige que o utilizador preencha várias matrizes de comparação entre alternativas, nomeadamente quando se eliminam ou inserem novas alternativas, como é o caso do método AHP.

Para demonstrar a viabilidade desta abordagem, foi realizado um estudo de caso com uma amostra de cinco serviços Web. Foram tidos em conta cinco critérios de qualidade do serviço e foi atribuído o mesmo peso aos diferentes critérios de seleção. Depois de calcular os fluxos positivos, negativos e líquidos, os serviços Web foram classificados de forma completa utilizando o fluxo líquido.

- [Silas et al., 2012], propõe uma Framework para Seleção de Serviços Web baseada no método ELECTRE III, é constituída por quatro módulos: processamento de pedidos, seleção de serviços, monitorização de jobs e entrega de serviços. O módulo de processamento de pedidos permite que os utilizadores submetam pedidos de seleção de serviços desejados com requisitos e preferências para cada critério, atribui um trabalho para cada pedido do utilizador e regista-o como um trabalho de pedido. O módulo de seleção de serviços avalia o pedido, selecionando o melhor fornecedor de serviços de acordo com os requisitos e preferências do utilizador. O módulo de monitorização mantém um registo das tarefas de execução. A transferência do resultado da seleção de serviços é realizada pelo módulo de prestação de serviços, que também fornece o custo do serviço.

De acordo com os autores, a seleção de serviços relevantes com base nas necessidades dos utilizadores é um problema de apoio à decisão multicritério. Os valores atribuídos às preferências dos critérios de seleção desempenham um papel muito importante no processo de seleção. Neste trabalho, o método de apoio à decisão multicritério ELECTRE III é utilizado para efetuar uma classificação total dos serviços.

- Em [Chakhar et al. 2011], os autores definem uma abordagem para a seleção e composição de serviços Web baseada no métodc ELECTRE TRI. O objetivo é classificar os serviços Web num conjunto de categorias de forma a otimizar as suas composições. Foram definidas três categorias: composição recomendada, composição não recomendada e composição intermédia.

- [Karim et al., 2011] propõe uma versão melhorada do método PROMETHEE para a seleção de serviços Web. Os autores utilizam o método ANP para calcular os pesos dos critérios de QoS. Durante o processo de seleção, o utilizador precisa de escolher para cada critério de QoS uma função de preferência entre as seis propostas, sendo que para algumas funções de preferência é necessário introduzir valores para as prëfërences e limiares de indiferença. Estes paraтëйeз oferecidos por PROMETHEE são muito importantes para melhorar a precisão e a flexibilidade do processo de seleção. Em vários casos, quando a diferença entre duas alternativas em um cтkëre é insignificante, 1 usuário pode considerar que as duas alternativas são iguais em relação a este critério, o que é chamado de uma relação de indiferença. Noutros casos, quando a diferença é significativa, o utilizador pode defini-la como uma relação de preferência.

Depois de especificar as funções de preferência para cada cтkëre, é efectuada uma comparação binária entre dois serviços Web para calcular a matriz de diferenças e, em seguida, esta matriz é utilizada para calcular a intensidade de preferência entre dois serviços Web. A intensidade de preferência assume valores entre 0 e 1. Quando o seu valor é igual a 0, significa que os dois serviços Web são indiferentes relativamente a este critério; quando o valor é próximo de 0, implica que a relação de preferência é fraca; por outro lado, quando o valor da intensidade de preferência é próximo de 1, a relação de preferência é forte.

A matriz de intensidade de preferências é utilizada para calcular o grau de preferência entre cada um dos dois serviços Web, sendo que esta relação expressa o grau em que um serviço Web si supera outro serviço Web Sj; em seguida, são calculados os fluxos positivo, negativo e líquido; o PROMETHEE I utiliza os dois primeiros fluxos (positivo e negativo) para efetuar uma classificação parcial dos serviços Web, preservando as relações de preferência de indiferença e incomparabilidade. O fluxo líquido é utilizado pelo PROMETHEE II para efetuar uma classificação total dos serviços Web propostos.

Os autores propõem uma nova versão do PROMETHEE II, integrando no processo de encomenda um serviço Web chamado R que inclui os requisitos de QoS do utilizador; todos os serviços Web que superem o serviço Web R serão devolvidos ao utilizador.

- Em [Nacer et al, 2015], foi proposta uma abordagem de classificação de serviços Web, baseada em testes de concordância e discordância entre crores de QoS, esta abordagem é inspirada no método ELECTRE; a relação de dominância estrita é substituída por uma relação de outranking; (i) o teste de concordância usa uma regra de maioria para decidir entre cada dois serviços Web, mais precisamente, este teste representa a força da união dos critérios de QoS que são a favor de um serviço Web para superar outro, (ii) o teste de discordância mede o grau em que um QoS cтkëre é fortemente oposto à declaração de que um serviço Web supera outro; por outras palavras, o teste de incompatibilidade introduz uma noção complementar para explicar fortemente o conflito de minorias. Para demonstrar a eficácia desta abordagem, os autores compararam o resultado com o obtido pela relação de dominância de Pareto.

- Em [Vesyropoulos et al., 2014], os autores utilizam uma variedade de métodos MCDM e testam a sua aplicabilidade no domínio da seleção e composição de serviços web, focando-se principalmente em cenários de transacções de comércio eletrónico; foram utilizados cinco métodos, nomeadamente: Foram utilizados cinco métodos: AHP, PROMETHEE, ELECTRE III, NAIADE e MACBETH; o objetivo foi testar o comportamento destes métodos neste contexto e avaliar as vantagens e desvantagens da aplicação de cada método. Foi efectuado um estudo de caso sobre um conjunto de quatro serviços Web com cinco critérios de QoS. Os autores verificaram que os resultados dos cinco métodos MCDM convergiram, indicando a existência de semelhanças na forma como estes métodos tratam os dados e o tipo de processo que ocorre. A comparação entre estes cinco métodos é apresentada na tabela seguinte:

Quadro 5. Comparação entre os cinco MCDMs [Vesyropoulos et al., 2014],.

Método	rastreabilidade	Pesos definidos pelo utilizador	Grau de compensação	Entradas/esforço necessário	Lidar com a incerteza
AHP	Elevado (modelo hierárquico)	Sim	Elevado	Médio/Alto	Apenas no AHP desfocado
PROMETHEE	Média	Sim	Média	Média	Sim, limiares de indiferença/preferência
MACBETH	Média	Sim	Média	Médio/Alto	Sim
NAIADE	Baixa	Não	Personalizável através de operadores	Baixo/Médio	Sim
ELECTRE III	Média	Sim	Não permite a indemnização	Média	Sim, limiares de indiferença/preferência

- [Sun et al. 2014] propõe um quadro para a seleção de serviços Web no contexto da computação em nuvem; foi construída uma ontologia difusa para encontrar serviços Web semelhantes que satisfaçam a consulta do utilizador; foi utilizado o método Fuzzy AHP para a ponderação dos critérios de QoS; o método Fuzzy TOPSIS é explorado para a classificação dos serviços Web. Os autores demonstraram a eficácia desta abordagem comparando-a com outras abordagens.
- No trabalho proposto por [Serrai et al., 2016], os autores combinam os métodos Skyline, BMW e VIKOR para a seleção de serviços Web. os mesmos autores [Serrai et al., 2017], utilizaram vários métodos MCDM para a seleção de serviços Web: Skyline para reduzir o espaço de pesquisa e Eliminar os serviços Web dominó; BMW para weightërer os critérios de QoS; SAW, VIKOR, COPRAS, TOPSIS e BORDAS para ordenar os serviços Web. Os métodos utilizados permitem maior precisão no processo de seleção e menor complexidade no cálculo. Cada método foi testado separadamente para avaliar a sua capacidade de selecionar os melhores elementos e, em seguida, para encontrar o melhor compromisso entre estes métodos de classificação, foi aplicado o método de votação BORDA para determinar a solução de compromisso.
- Num estudo muito recente [Kumar et al, 2018], o AHP é combinado com o TOPSIS para classificar os serviços Web na nuvem de acordo com as seguintes etapas: (1) cálculo dos pesos relativos dos diferentes critérios de QoS e identificação da matriz de decisão, (2) normalização da matriz de decisão, (3) construção da matriz de decisão normalizada e ponderada multiplicando cada coluna da matriz de decisão pelos pesos dos critérios de QoS associados, (4) identificação das soluções ideais e anti-ideais, (5) cálculo das distâncias, (6) cálculo do coeficiente de semelhança com a solução ideal, (7) ordenação das alternativas em função do coeficiente de semelhança.

Foi efectuado um estudo de caso sobre uma amostra de três serviços Web com seis critérios de QoS; o resultado foi comparado com os resultados obtidos pelos dois métodos AHP e fuzzy AHP.

4.5 Resumo dos trabalhos de seleção de serviços Web baseados em métodos MCDM

No quadro seguinte, apresentamos um estudo comparativo das abordagens de seleção de serviços Web existentes com base em métodos MCDM, tendo em conta os seguintes critérios:

1- Eliminação dos serviços Web dominantes ;
2- Utilização de dados QoS para calcular os pesos dos objectivos ;

3- Cálculo de pesos subjectivos com base nas opiniões dos utilizadores ;

4- Lidar com a incerteza nas apreciações dos utilizadores ;

5- Tratamento da incerteza nos dados de QoS.

6- Consideração das preferências do utilizador no processo de seleção de serviços Web Skyline.

7- Número de serviços Web e critérios de QoS tidos em conta nos estudos experimentais.

Quadro 6. Comparação das abordagens de seleção de serviços baseadas na MCDM.

Abordagem	Métodos MCDM utilizados	Eliminação dos serviços Web dominantes	Ponderação subjectiva	Ponderação sobre o objetivo	Incerteza nos julgamentos do utilizador	Incerteza nos dados de QoS	Preferências do utilizador	Número de serviços / número de critérios
[Godse et al. 2008]	AHP	Não	AHP	Não	Não	Não	Não	3 / 5
[Seo et al. 2005]	PROMETHEE	Não	Entrar	Não	Não	Função de preferência	Limiares de preferência	5 / 5
[Chakhar et al. 2011]	ELECTRE TRI	Não	Entrar	Não	Não	Definições de preferências	Definições de preferências	4 / 3
[Seo et al. 2004]	MAUT	Não	Entrar	Não	Não	Não	Não	5 / 3
[Karim et al. 2011]	ANP-PROMETHEE	Não	OTP	Não	Não	Função de preferência	Limiares de preferência	8 / 9
[Sun et al. 2014]	Floue AHP	Não	Floue AHP	Não	Floue AHP	Não	Não	20 / 12
[Rehman et al. 2014]	ELECTRETOPSIS	Não	Entrar	Não	Não	Não	Definições de preferências	5 / 4
[Ouadah et al. 2015a]	Skyline-AHP-PROMETHEE	Skyline	AHP	Não	Não	Não	Limiares de preferência	2507/8
[Ouadah et al. 2015b]	Skyline-AHP-PROMETHEE	Skyline	AHP	Não	Não	Não	Limiares de preferência	2507/8 21961 / 10
[Alam et al. 2016]	AHP Floue- Fuzzy VIKOR- Fuzzy TOPSIS	Não	Floue AHP	Não	Floue AHP	Fuzzy VIKOR-Fuzzy TOPSIS	Não	-
[Lin et al. 2016]	DEMATEL- PCA-ANP- VICTOR	Não	OTP	Não	Não	Não	Não	6 / 7
[Serrai et al. 2016]	Skyline-BWM-VIKOR	Skyline	BWM	Não	Não	Não	Não	100 / 5
[Sun et al. 2016]	Entropia - TOPSIS	Não	Não	Entropia	Não	Não	Não	12 / 6
[Kumar et al. 2017]	AHP- Fuzzy TOPSIS	Não	AHP	Não	Não	Fuzzy TOPSIS	Não	6 / 10
[Serrai et al. 2017]	Skyline-BWM, SAW, VIKOR, COPRAS, TOPSIS	Skyline	BWM	Não	Não	Não	Não	2507/8
[Kumar et al. 2018]	AHP-TOPSIS	Não	AHP	Não	Não	Não	Não	3 / 6
[Ouadah et al. 2018]	Skyline- Entropie-AHP Floue-PROMETHEE	Skyline	Floue AHP	Entropia	Floue AHP	Função de preferência	Limiares de preferência	2507/8 21961 / 10

Na Tabela 6, apresentamos um estudo comparativo das abordagens baseadas em métodos de apoio à decisão multicritério (MCDM) para a seleção de serviços Web. Vários métodos têm sido utilizados: o AHP [Godse et al., 2008] é utilizado tanto para ponderar os critérios de QoS como para classificar os serviços Web. No entanto, quando o número de serviços se torna grande, será muito difícil ou mesmo impossível, em alguns casos, preencher várias matrizes de comparação entre serviços Web para cada critério de QoS; PROMETHEE [Heressen et al, 2008] requer vários inputs do utilizador, tais como os pesos dos critérios de QoS que não são computados pelo próprio mëtodo PROMETHEE, obrigando o utilizador final a atribuí-los manualmente ou a utilizar outro mëtodo de ponderação como o AHP [Karim et al., 2011]; o ELECTRE Tri [Chakhar et al., 2011] realiza uma classificação dos Web services num conjunto de categorias de forma a otimizar as suas composições;

Observámos que quase todos os trabalhos propostos foram validados em conjuntos de dones em que o número de serviços Web e o número de critérios de QoS são muito pequenos (ver

Tabela 6, coluna: número de serviços / critérios). No entanto, o número de serviços publicados na Web aumenta diariamente, pelo que estas abordagens requerem muito tempo de computação para encontrar os serviços Web mais relevantes. Além disso, a utilização de alguns métodos como o AHP, o PROMETHEE ou o ELECTRE para classificar os serviços Web exige muito tempo de computação devido ao grande número de comparações binárias entre os serviços Web candidatos. No entanto, a redução do número de candidatos através da eliminação de serviços Web irrelevantes reduz o número de comparações e, por conseguinte, melhora consideravelmente o desempenho das abordagens baseadas nestes métodos.

Outros ëstudos propuseramë abordagens em que vários mëtodos foram ëlë combinados, a fim de superar as desvantagens presentes por alguns deles e explorar as vantagens de cada mëtodo; [Sun et al. 2014] propõe um Framework appuyë na combinação entre AHP para atribuir pesos aos critérios de QoS e Fuzzy TOPSIS para classificar seus serviços Web em nuvem; [Kumar et al. 2018] combina AHP com TOPSIS para classificar serviços Web no contexto da computação em nuvem. [Serrai et al. 2017] propõe a combinação de vários métodos: Skyline para reduzir o espaço de pesquisa, BWM para ponderar critérios de QoS, SAW, VIKOR, COPRAS e TOPSIS para realizar a classificação de serviços Web. Estas abordagens são baseadas em mëtodos que permitem maior precisão no processo de seleção e menor complexidade^ na computação. No entanto, não permitem que a incerteza nos dados de QoS e nas preferências dos utilizadores seja tida em conta no processo de seleção. Por outro lado, existem abordagens que apenas exploram os dados de QoS para weightërer critérios de QoS [Sun et al. 2016] sem ter em conta as prëfërências dos utilizadores.

4.6 Conclusão

Neste capítulo, сотrепcë apresentamos um ëtat de l'art sobre métodos de apoio à decisão multicritério (MCDMs), depois, c^ë os trabalhos de investigação que exploram estes mëtodos para weightërer critérios de QoS ou sëlectar os serviços Web mais relevantes que satisfaçam as prëfërências dos utilizadores. No final deste capítulo, prësentëmos um estudo ëcomparativo entre estas abordagens, apoiando-nos em vários critérios.

Na literatura, têm sido propostas várias abordagens para a seleção de serviços Web, baseadas em métodos de apoio à decisão multicritério (MCDM), tais como AHP, PROMETHEE, ELECTRE e TOPSIS. Observámos que a maior parte deste trabalho foi validada em conjuntos de dados em que o número de serviços Web é muito pequeno, embora o número de serviços publicados na Web esteja a aumentar diariamente.

Algumas abordagens propuseram a combinação de vários métodos numa única abordagem, a fim de ultrapassar os inconvenientes prësentës por alguns deles e de explorar as vantagens de cada método.

No próximo capítulo, apresentaremos as nossas três abordagens SkyAP-S3, SEFAP e IFAHP para a seleção de serviços Web.

Parte II

Contribuições

5 Contribuições

5.1 Introdução

Nesta tese, propomos três abordagens: a abordagem SkyAP-S3 é uma abordagem híbrida baseada na combinação de vários métodos de apoio à decisão multicritério (MCDM), nomeadamente: o Skyline para reduzir o espaço de pesquisa, o AHP para ponderar os critérios de QoS e o PROMETHEE para captar as preferências do utilizador e classificar os serviços Web do Skyline. A abordagem SEFAP, uma versão melhorada do SkyAP-S3, consiste em lidar com a incerteza nas apreciações dos utilizadores ao ponderar os critérios de QoS. A abordagem IFAHP é uma versão melhorada do método Fuzzy AHP, para classificar os serviços Web Skyline. Nesta nova versão, as matrizes de comparação entre os critérios de QoS e entre os serviços Web Skyline representativos serão geradas automaticamente através da exploração de um algoritmo de discretização dos dados de QoS.

5.2 SkyAP-S3: Abordagem híbrida

A primeira abordagem proposta é a abordagem SkyAP-S3 (Skyline Ahp Promethee for Skyline Services Selection), que se baseia numa combinação de três métodos de apoio à decisão multicritério: Skyline, AHP e PROMETHEE (ver Figura 18).

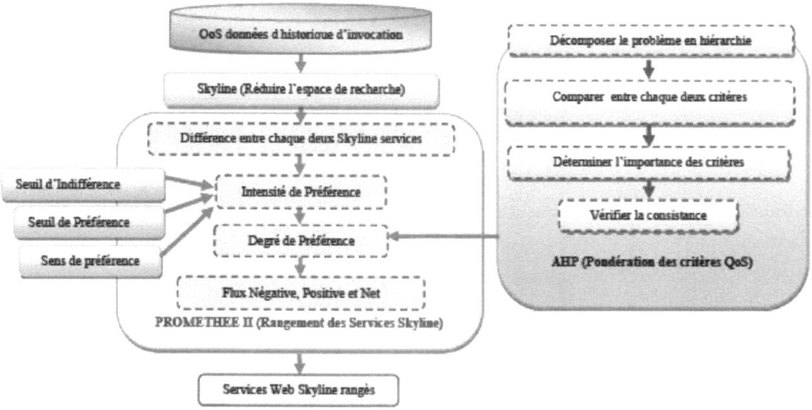

Figura 18. A abordagem SkyAP-S3

Na primeira ëfase desta abordagem, utilizamos o operador Skyline para reduzir o espaço de pesquisa e concentrarmo-nos apenas no conjunto de serviços que não são dominados por nenhum outro serviço. O algoritmo BNL é ийНзё para computar o resultado Skyline devido à sua simplicidadeO e ampla utilização [Borzsonyi et al., 2001]. Para melhorar o desempenho desta abordagem, propomos que este firstëre Otape seja executado offline, antes da consulta do utilizador ser recebida, o que poupará tempo de computação do Skyline. Se um novo serviço for inserido ou a QoS de um serviço existente for modificada, o resultado do Skyline é recalculado offline.

Na segunda etapa desta abordagem, utilizamos o método AHP para ponderar os critérios de QoS. A escolha do método AHP [Saaty 1987] baseia-se nos seguintes critérios:

1- O AHP baseia-se numa comparação binária entre critérios utilizando termos linguísticos (pouca importância, importante, etc.), que são fáceis de utilizar pelos utilizadores para explicar as suas preferências em relação aos critérios de QoS.

2- O AHP permite vërificar a cohërence das preferências do utilizador através de dois indicadores: o indicador de cohOrence (CI) e o rácio de cohOrence (CR).
A etapa final consiste em aplicar o método PROMETHEE II à classificação dos serviços Web da Skyline, oferecendo ao utilizador uma pequena lista ordenada dos serviços Web da Skyline que apresentam um bom compromisso entre os critérios e que correspondem melhor às suas preferências. Para tornar explícitas as preferências do utilizador, utilizamos a função de preferência nº 5 em forma de V, com limiares de preferência e de indiferença.

$$F_j(S_i,S_k)=\begin{cases}1 & \text{if } G_j(S_i)-G_j(S_k)>p_j\\ \dfrac{G_j(S_i)-G_j(S_k)-q_j}{p_j-q_j} & \text{if } q_j<G_j(S_i)-G_j(S_k)\leq p_j\\ 0 & \text{if } G_j(S_i)-G_j(S_k)\leq q_j\end{cases} \quad (5.1)$$

Onde: *pj* representa o limiar de preferência; qj representa o limiar de indiferença;
Fj(Si ,Sk) : A intensidade da preferência entre os dois serviços *Si* e *Sk*
Gj*(Si)* : O valor do serviço Web i em relação ao critério de QoS j.

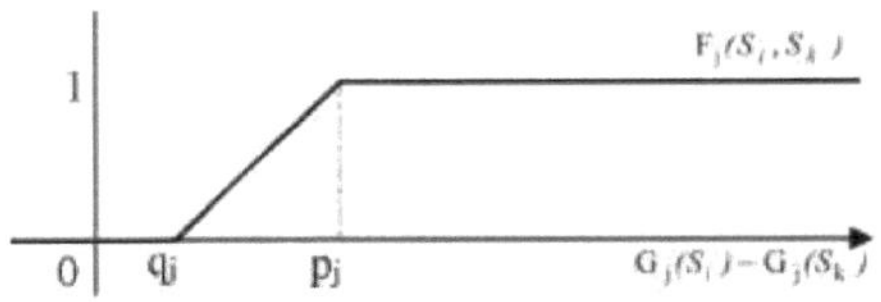

Figura 19. Função de preferência n.º 5 em forma de V da Promethee.

Esta função permite ao utilizador exprimir as suas preferências para cada critério de QoS e aceita os parâmetros seguintes:

- o limiar de preferência *pi* :
- o limiar de indiferença *qi* e
- a direção da preferência: se o critério de QoS deve ser minimizado, como *o tempo de resposta*, ou maximizado, como a *disponibilidade*.

Nesta fase, os Skyline Web Services serão classificados através de relações de outranking, explorando as preferências expressas pelo utilizador em relação aos critérios de QoS.

5.2.1 Algoritmo de classificação

O algoritmo seguinte implementa as várias etapas do método PROMETHEE para classificar os serviços Web da Skyline. Começa por calcular a intensidade da preferência entre dois serviços Web da Skyline e, em seguida, determina o grau de preferência entre os dois serviços. Por fim, calcula os três fluxos: positivo, negativo e líquido. O fluxo líquido é utilizado para classificar os serviços Web da Skyline.

- As linhas de código entre 8 e 31 calculam a intensidade da preferência entre cada um dos dois Skyline Web Services para cada critério.
- As linhas de código entre 33 e 42 calculam o grau de preferência entre os dois serviços Web Skyline.
- As linhas de código entre 44 e 53 calculam o fluxo negativo, que expressa a fraqueza do serviço Web Skyline, o fluxo positivo, que determina a força do serviço Web Skyline, e o fluxo líquido. Finalmente, os serviços Web Skyline são classificados de acordo com o fluxo líquido.

Algoritmo 5.1: Armazenamento de serviços Web Skyline

Algorithme 5.1 : Rangement des services Web Skyline

```
Input:   Skyline services (services Web incomparable) Gj (Si)
Input:   Seuils de préférences Pref [QoSi]
Input:   Seuils d'indifference Indef [QoSi].
Input:   Sens de préférence : Sense [QoSi].
Input:   Poids des critères of QoS: Weight [QoSi] résultat de AHP
output   Rangement des services Web Skyline
         //Calcul de l'intensité de préférence : n : nombre de services Web, m : nombre de critères
         For I = 1 to n do
          For k = 1 to n do
            For j = 1 to m do
               Diffj [Sk, Sj] = Gj (Si) – Gj [Sk];
               If Diffj [Si, Sk] <0 and Sense [QoSi] = min then
               If Indef [QoSi] < ABS (Diff [QoSi]) <= Pref [QoSi] then
           Fj (Si, Sk) = (ABS (Diffj [Sk, Sj]- Indef [QoSi]) / (Pref [QoSi] – Indef [QoSi]) ;
                  else
               If ABS (Diffj [Sk, Sj]))> Pref [QoSi] then
                  Fj (Si, Sk) = 1
                 else
                  Fj (Si, Sk) = 0
              else
              If Diffj [Sk, Sj]>0 and Sense [QoSi] = max then
               If Indef [QoSi] <= Diffj [Sk, Sj] <= Pref [QoSi] then
              Fj (Si, Sk) = (Diffj [Sk, Sj]- Indef [QoSi] / (Pref [QoSi] – Indef [QoSi]) ;
              else
                If Indef [QoSi]> Diffj [Sk, Sj] then
                  Fj (Si, Sk) = 0 ;
                 else
                  Fj (Si, Sk) = 1 ;
              end for
           end for
         end for
         //Calcul de degré de préférence :
         For i = 1 to n do
            For k = 1 to n do
               nap = 0;
               For j =1 to m do
                 If Si <> Sk then
                 nap = nap + Fj (Si, Sk) * Weight [QoSi];
               end for
                 P (Si, Sk) = nap;
              end for
           end for
         //Calcul du flux Positif, Négatif et Net
         For i = 1 to n do
               temp1 = 0, temp2 = 0
               For j going of 1 in n do
                 temp1 = temp1 + P (Si, Sj) ;
                 temp2 = temp2 + P (Si, Sj);
               end for
               Phpositive (Sj) = temp1;
               Phnegative (Sj) = temp2;
               Phnet (Sj) = temp1 – temp2;
          end for
         Rangement des services Web Skyline selon Phnet.
```

5.2.2 Estudo de caso

[9]Apresentamos um ëcaso de estudo para ilustrar as diferentes ëfases da nossa abordagem, explorando dados de QoS da base de dados QWS DataSet [Al-Masri et al., 2007a].

Tabela 7. Exemplos de dados QoS.

Serviço	Nome	Tempo de resposta (ms)	Débito	Fiabilidade	Melhores práticas	Documentação	Classe	É o Skyline
Se	FastWeather	125.44	13.5	86.4	80	91	4	Y
S2	dotsfastweather	129.67	13.2	84.1	80	90	4	N
S3	Previsão do tempo	261	1.8	58.1	80	94	3	Y
S4	Apanhador de Tempo	160	2.2	73.3	84	32	3	Y
S5	Serviço meteorológico	190.5	12.4	54	80	8	2	N
S6	GlobalWeather	1463.5	2.4	53.5	84	42	2	Y
S7	ndfdXML	409.33	1.8	41.4	72	96	1	Y

Os serviços Web da Tabela 7 oferecem a mesma funcionalidade de consulta de dados

[9] http://www.uoguelph.ca/~qmahmoud/qws/index.html, último acesso em 12 de março de 2018.

meteorológicos, mas com valores de QoS diferentes. Aceitam dois parâmetros como entrada: *o pagamento* e *a cidade*, e devolvem um conjunto de informações meteorológicas em resposta, tais como: *temperatura*, *velocidade do vento*, *visibilidade*, *condições meteorológicas*, etc.

5.2.2.1 Cálculo do resultado Skyline

Neste exemplo demonstrativo, os dois serviços s_2 e s_5 não estão no resultado do Skyline, porque s_2 é dominado por s_1 e s_5 também é dominado por s_1. Os cinco Web Services (s_1, s_3, s_4, s_6 e s_7) são os únicos Web Services Skyline porque não são dominados por nenhum outro serviço, são incomparáveis entre si. A coluna "*Is Skyline*" (*É Skyline*) na Tabela 7 indica se um Web service é um Web service Skyline.

5.2.2.2 Ponderação dos critérios de QoS

A primeira etapa do método AHP consiste em decompor o problema numa hierarquia. Neste exemplo, o problema seleciona os Skyline Web Services no topo da hierarquia, enquanto o conjunto de critérios de QoS: *tempo de resposta*, *taxa de transferência*, *fiabilidade*, *melhores práticas*, *documentação* e *classe*, são posicionados no nível intermédio. O último nível contém os Skyline Web Services candidatos (s_1, s_3, s_4, s_6 e s_7).

Para ponderar os critérios de QoS, é efectuada uma comparação entre cada um dos dois critérios, utilizando a escala de Saaty (1-9),

Tabela 8. Cálculo dos pesos dos critérios de QoS.

	Tempo de resposta	**fluxo**	**fiabilidade**	**boas práticas**	**documentação**	**Classe**	**Peso**
Tempo de resposta	1	3	2	4	5	3	**0,35**
fluxo	1/3	1	1/2	3	4	1/2	**0,14**
fiabilidade	1/2	2	1	4	6	3	**0,26**
Melhores práticas	1/4	1/3	1/4	1	2	1/2	**0,07**
Documentação	1/5	1/4	1/6	1/2	1	1/2	**0,05**
Classe	1/3	2	1/3	2	2	1	**0,13**

O teste de consistência é ilustrado da seguinte forma:

$\lambda_{max} = (6,37 + 6,20 + 6,35 + 6,15 + 6,19 + 6,41)/6 = 6,28.$

Calcular o indicador de coerência (*IC*):

$IC = (\lambda_{max}-1) / (N-1) = (6,28-1) / (6-1) = 0,06$

Calcular o rácio de cohdência :

$RC = (IC / ACI) = 100 * (0,06 / 1,24) = 0,04.$

O rácio de coerência é de *0,04,* ou seja, inferior a *0,1*, o que significa que os pesos atribuídos aos critérios de QoS são consistentes e que as apreciações dos utilizadores são coerentes. Os pesos dos critérios de QoS serão utilizados na fase seguinte da classificação dos serviços Web Skyline.

5.2.2.3 Armazenamento dos serviços Web Skyline

1. Escolha da função de preferência

O método PROMETHEE baseia-se na extensão do conceito de critério através da introdução da função de preferência para uma alternativa a_i em relação a outra alternativa a_j. Foram propostos seis tipos de funções [Brans et al., 1986], e pede-se ao utilizador que escolha uma função de preferência para cada critério. No nosso caso, escolhemos a função de preferência n.º 5 e os parâmetros da função (limiar de preferência e limiar de indiferença) devem ser definidos pelo utilizador. Neste exemplo, utilizamos os valores da tabela seguinte:

Tabela 9. Parâmetros de preferência.

Critérios	**Tempo de**	**Débito**	**Fiabilidade**	**Melhores**	**Documentação**	**Classe**

	resposta			práticas		
Limiar de preferência	5	3	4	6	4	1
Limiar de indiferença	0,5	0,5	0,4	1	0,5	0,2
Direção de preferência	min	máximo	máximo	máximo	máximo	máximo

O parâmetro "*direção de preferência*" é utilizado para determinar se o critério de QoS deve ser minimizado ou maximizado. Neste exemplo, o parâmetro *tempo de resposta* deve ser minimizado, enquanto todos os outros critérios (*débito, fiabilidade, boas práticas, documentação* e *classe*) devem ser maximizados.

2. Cálculo da intensidade de preferência

Utilizamos a função de preferência n.º 5 (Figura 19, expressão *(5.1)*) para calcular a intensidade da preferência entre cada um dos dois serviços Web Skyline. Por exemplo, para o critério *do tempo de resposta*, a intensidade de preferência entre os dois serviços s_6 e s_7 é calculada da seguinte forma:

$G_i(S) - G_i(s_7) = 1463,5 - 409,33 = 1.054,170.$

O critério do "*tempo de resposta*" deve ser minimizado, pelo que :

$G1(s_6) - G1(s_7) > p1$ *portanto :* $F1(s_6, s_7) = 0,000.$

A intensidade da preferência é calculada entre os dois serviços Web Skyline s_6 e s_7 para cada critério de QoS.

3. Cálculo do grau de preferência (grau de atualização)

Nesta etapa, é calculado o grau de preferência entre cada um dos dois serviços Web Skyline. Por exemplo, para o grau de preferência entre s_6, $S7$:

$$P_i(S_6, S_7) = \sum W_i * F_i(S_6, S_7) = 0,35*0 + 0,14*0,172 + 0,26*1 + 0,07*1 + 0,05*0 + 0,13*0 = 0,354.$$

Quadro 10. Cálculo dos graus de superação entre os serviços Web Skyline.

	S1	S3	S4	S6	S7	$\phi+$	$\phi = \phi+ - \phi-$
S1		0,490	0,750	0,750	0,820	2,810	2,726
S3	0,014		0,260	0,610	0,680	1,564	0,615
S4	0,035	0,392		0,610	0,694	1,739	0,724
S6	0,035	0,048	0,005		0,354	0,453	-1,867
S7	0,000	0,000	0,000	0,350		0,350	-2,199
$\phi-$	0,084	0,949	1,015	2,320	2,549		

4. Cálculo dos fluxos positivos, negativos e líquidos

Nesta etapa, são calculados o fluxo positivo *(Φ⁺)*, o fluxo negativo *(Φ)* e o fluxo líquido *(Φ)* para cada Skyline Web service, utilizando as expressões *(4.19)*, *(4.20)* e *(4.21)*.

A classificação dos serviços de acordo com o fluxo líquido permite obter uma classificação completa dos serviços Web Skyline, do melhor para o pior, como se segue (ver Quadro 11):

Quadro 11: Disposição dos serviços Web Skyline.

Classificação	Serviço	Fluxo líquido
1st	S1	2,726
2nd	S4	0,724
3rd	S3	0,615
4.o	S6	-1,867
5th	S7	-2,199

5.3 Abordagem do SEFAP

5.3.1 Princípio da abordagem

A segunda abordagem proposta é a abordagem SEFAP (Skyline, Entropy, Fuzzy Ahp e Prometee), esta abordagem inclui as mesmas ëtapes que a abordagem SkyAP-S3, exceto no passo de weightëration dos critérios de QoS, onde o AHP foi substituído pelo Entropy e Fuzzy AHP.

A importância dos critérios de QoS é um fator decisivo no processo de seleção de serviços Web, difere de um contexto para outro e de um utilizador para outro, por exemplo, no contexto do pagamento eletrónico, o critério *de segurança* é mais importante do que os outros critérios, mas no contexto da recuperação de informação, *o tempo de resposta* e *a disponibilidade* representam os critérios mais importantes [Ouadah et al., 2018a]. Várias técnicas foram propostas na literatura para ponderar critérios de QoS, sendo classificadas em três categorias: objetiva, subjectiva e híbrida.

1. Os métodos objectivos extraem pesos para os critérios de QoS a partir de dados como o Entorpie [Sun et al., 2016] e o FDCW [Almulla et al., 2011].

A principal desvantagem dos métodos objectivos é que não têm em conta as opiniões dos peritos no domínio ao calcularem as ponderações, baseando-se apenas em dados que são geralmente recolhidos automaticamente durante períodos bem definidos em contextos específicos.

2. Os métodos subjectivos exploram as opiniões dos utilizadores para calcular os pesos dos critérios de QoS: ANP [Karim et al., 2011], AHP [Godse et al., 2008] [Ouadah et al., 2015a, b], Fuzzy AHP [Sun et al., 2014]. Contudo, os métodos subjectivos reflectem os juízos subjectivos dos utilizadores, que podem ser vagos, imprecisos e influenciados pelo utilizador.
3. Os métodos híbridos combinam métodos objectivos e subjectivos para determinar os pesos, explorando tanto os dados de QoS como as opiniões dos utilizadores [Xiong et al., 2007] [Ma et al., 2013] [Almulla et al., 2015].

Na abordagem de seleção de serviços Web Skyline SkyAP-S3 [Ouadah et al., 2015a, b] proposta no capítulo anterior, é utilizado o método AHP para ponderar os critérios de QoS, no entanto, este método apresenta alguns inconvenientes, nomeadamente: a subjetividade e imprecisão das opiniões dos utilizadores no preenchimento de várias matrizes de comparação entre os critérios. Na abordagem SEFAP, propomos a utilização de um método híbrido composto pelos métodos Entropia e Fuzzy AHP na fase de ponderação dos critérios de QoS.

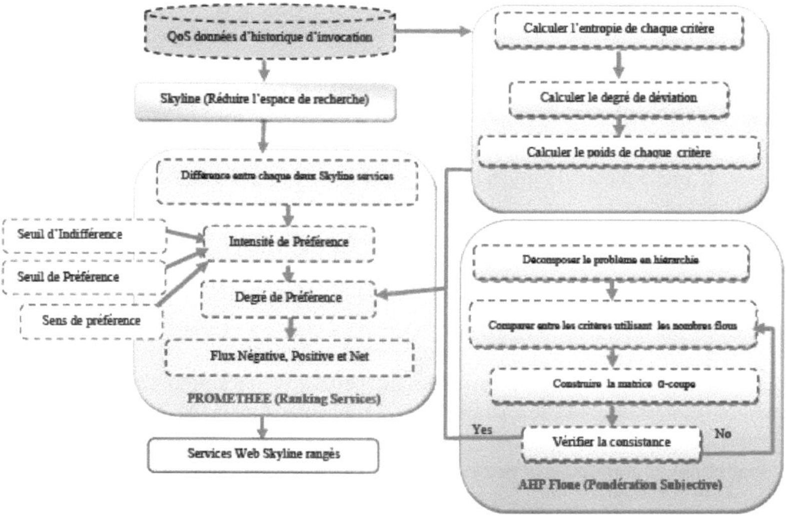

Figura 20. A abordagem do SEFAP.

Na abordagem SEFAP (Skyline, Entropy, Fuzzy Ahp e Prometee), propomos

Combinação de quatro métodos de apoio à decisão multicritério para a classificação de serviços web. O SEFAP explora as vantagens de cada método para obter um melhor desempenho em comparação com a utilização de cada método separadamente.

1- No primeiro passo do SEFAP, utilizamos o método Skyline para reduzir o espaço de pesquisa, concentrando-nos apenas nos serviços Web relevantes que não são dominados por nenhum outro serviço. Ao reduzir o espaço de pesquisa, isso reduzirá o tempo necessário para classificar os serviços relevantes e melhorará significativamente o desempenho da abordagem. Tal como proposto por [Elarifai et al., 2010], este passo pode ser efectuado offline para melhorar o desempenho da abordagem; se for adicionado um novo serviço, o resultado do Skyline é recalculado.

2- Para ponderar os critérios de QoS, combinamos o método objetivo da Entropia com o método subjetivo Fuzzy AHP. A escolha destes métodos justifica-se pelo facto de :

- O método da entropia é utilizado para determinar os pesos dos critérios de QoS, explorando os dados do histórico das invocações feitas por outros utilizadores. Este é o método mais utilizado para calcular os pesos dos critérios objectivos.
- O Fuzzy AHP explora as opiniões dos utilizadores e lida com a imprecisão e a incerteza nos seus julgamentos utilizando a teoria dos conjuntos difusos.
- O Fuzzy AHP baseia-se numa comparação binária entre cada um dos dois critérios de QoS, com base em termos linguísticos (baixa importância, alta importância, ... etc.), que é mais fácil de utilizar pelo utilizador. Para indicar a escala de importância dos critérios, os valores exatos são substituídos por números triangulares difusos.
- AHP Flou pode ser utilizado para verificar a consistência e a coerência das opiniões dos utilizadores através de um indicador de consistência (IC) e de um rácio de coerência (CR).
- λ, $(1-\lambda)$. Para integrar os pesos objectivos (Wo) e os pesos subjectivos, partimos do princípio de que a importância do peso objetivo é e a importância do peso subjetivo é . O peso

final é, portanto, calculado da seguinte forma:

$$W_j = Wo_j * \lambda + Ws_j * (1-\lambda) \quad (5.1)$$

3- Na etapa final, propomos utilizar o método PROMETHEE para efetuar uma classificação completa dos serviços Web Skyline, oferecendo ao utilizador uma pequena lista de serviços Web Skyline que têm um melhor compromisso entre os critérios de QoS e que melhor satisfazem as preferências do utilizador. A escolha do método PROMETHEE é justificada pelas seguintes razões:

- PROMETHEE é uma metodologia simples comparada com outros métodos de outranking [Brans et al., 1986];
- É frequentemente utilizado no apoio multicritério à decisão [Behzadian et al., 2010];
- Facilita o tratamento da imprecisão dos valores dos dados de desempenho [Vincke 1992] [Kangas et al. 2001] [Hyde et al. 2003] [Roy et al. 2014] [Balali et al. 2014].
- Com as funções de preferência propostas, permite a integração das preferências dos utilizadores expressas como um conjunto de parâmetros (limiar de preferência, limiar de indiferença e direção de preferência) [Brans et al., 2005].

5.3.2 Algoritmo de ponderação para critérios de QoS

Algorithme 5.2 : Pondération des critères de QoS

```
1 : Input :   Comparaison en les critères QoS : Crisp[QoSi, Valj]
2 : Input :   l'index d'optimum λ
3 : Input :   le niveau de confidence α
4 : Output    Poids des critères QoS : Weights[QoSi]
5 :           //Fuzzification en utilisant les nombres flous triangulaires
6 :            For i = 2 to n do
7 :              For j = 1 to n do
8 :                If Crisp[QoSi, Valj] = 1 then
9                    TFN[i,j,1]:= 1; TFN[i,j,2]:= 3-2 α
10            else If Crisp[QoSi, Valj] = 3 then
11                         TFN[i,j,1]:= 1+2 α; TFN[i,j,2]:= 5-2 α
12            else If Crisp[QoSi, Valj] = 5 then
13                          TFN[i,j,1]:= 3+2 α; TFN[i,j,2]:= 7-2 α
14                          ..............................
15               End for
16             end for
17            // Calcul de alpha-coupe et defuzzification
18            For i = 2 to n do
19               For j = 1 to n do
20                 Alpha-Cut[i,j]:= TFN[i,j,1] λ + (1- λ) TFN[i,j,2];
21            end for
22            end for
23            For i = 1 to n do
24              Somme :=0;
25               For j = 1 to n do
26              Somme := Somme + Alpha-Cut[j,i];
27                 end for
28                   S[i]:= Somme ;
29              End for
30            // Calcul des poids des criteres de QoS :
31            For i = 1 to n do
32              Temp := 0;
33              For j = 1 to n do
34              Temp:= Temp + Alpha-Cut[j,i]/ S[i];
35               end for
36                 Weights [QoSi]:= Temp / n ;
37             End for
```

O algoritmo acima descrito descreve os diferentes métodos para ponderar os critérios de QoS, as linhas de código entre 6 e 16 convertem os dados de QoS líquidos em dados líquidos, as linhas de código entre 17 e 29 calculam o alpha coupe, as linhas de código entre 30 e 37

calculam os poids
critérios.

5.3.3 Estudos de caso

[10]Ilustraremos as várias etapas da nossa abordagem num estudo de caso, utilizando dados QoS da base de dados QWS DataSet [Al-Masri et al., 2007a].

Tabela 12. Exemplos de dados QoS.

Serviço	Nome	Tempo de resposta (ms)	Débito	Fiabilidade	Melhores práticas	Documentação	Classe	É Skyline
Se	FastWeather	125.44	13.5	86.4	80	91	4	Y
S2	dotsfastweather	129.67	13.2	84.1	80	90	4	N
S3	Previsão do tempo	261	1.8	58.1	80	94	3	Y
S4	Apanhador de Tempo	160	2.2	73.3	84	32	3	Y
S5	Serviço meteorológico	190.5	12.4	54	80	8	2	N
S6	GlobalWeather	1463.5	2.4	53.5	84	42	2	Y
S7	ndfdXML	409.33	1.8	41.4	72	96	1	Y

Os serviços Web do quadro 12 oferecem a mesma funcionalidade para consultar dados meteorológicos com diferentes valores de QoS. Aceitam como entrada os dois parâmetros *pagamento* e *cidade*, e devolvem em resposta um conjunto de informações meteorológicas, tais como: temperatura, velocidade do vento, visibilidade, condições meteorológicas, etc.

5.3.3.1 Calcular o resultado da linha do horizonte

Neste exemplo, os dois serviços s_2 e s_5 não estão no resultado do Skyline, porque s_2 é dominado por s_1 e s_5 também é dominado por s_1. Os cinco serviços Web (s_1, s_3, s_4, s_6 e s_7) são os únicos serviços Web Skyline, porque não são dominados por nenhum outro serviço e são incomparáveis entre si. A coluna "*Is Skyline*" na Tabela 7 indica se um serviço Web é um serviço Web Skyline.

Tanto a Entropia como o Fuzzy AHP foram utilizados para ponderar os critérios de QoS, explorando tanto os dados de QoS como as opiniões dos utilizadores.

5.3.3.2 Ponderação objetiva e subjectiva

5.3.3.2.1 Cálculo dos pesos dos objectivos

O cálculo dos pesos objectivos para os critérios de QoS baseia-se no método da entropia, que utiliza os dados apresentados no quadro 13:

Tabela 13. Cálculo de Rij.

Tempo de resposta (ms)	Débito	Fiabilidade	Melhores práticas	Documentação	Classe
0,056	0,285	0,180	0,143	0,201	0,211
0,058	0,279	0,175	0,143	0,199	0,211
0,117	0,038	0,182	0,143	0,208	0,158
0,072	0,047	0,153	0,150	0,071	0,158
0,086	0,262	0,113	0,143	0,018	0,105
0,426	0,051	0,112	0,150	0,093	0,105
0,184	0,038	0,086	0,129	0,212	0,053

Aplicando as diferentes fórmulas do método da Entropia, a tabela 14 mostra os

resultado do cálculo da entropia, do desvio e do peso de cada critério.

Quadro 14. Cálculo dos pesos dos objectivos.

Critérios	Tempo de resposta (ms)	Débito	Fiabilidade	Melhores práticas	Documentação	Classe
Entropia	0,85	0,83	0,98	1,00	0,91	0,96
Desvio	0,15	0,17	0,02	0,00	0,09	0,04
Peso	0,32	0,37	0,04	0,00	0,18	0,09

[10] http://www.uoguelph.ca/~qmahmoud/qws/index.html, último acesso em 12 de março de 2018.

5.3.3.2.2 Cálculo dos pesos subjectivos

Na primeira fase do método Fuzzy AHP, o problema é apresentado de forma hierárquica. No nosso caso, o problema da seleção dos serviços Web da Skyline está no primeiro nível, no segundo nível, encontramos os critérios de QoS que são: *tempo de resposta, taxa de transferência, fiabilidade, boas práticas, documentação* e *classe*. As alternativas ou serviços Web Skylie (s_1, s_3, s_4, s_6 e s_7) encontram-se no último nível. Na segunda etapa, utilizamos os Números Fuzzy Triangulares (NFT) para comparar os dois critérios e preencher a matriz de comparação da seguinte forma:

Tabela 15. Comparação em números triangulares fuzzy entre critérios de QoS.

	Tempo de resposta (ms)	**Débito**	**Fiabilidade**	**Melhores práticas**	**Documentação**	**Classe**
Tempo de resposta (ms)	1	3	3	5	9	7
Débito	$\tilde{3}^{-1}$	1	1	3	7	5
Fiabilidade	$\tilde{3}^{-1}$	1	1	3	5	7
Melhores práticas	$\tilde{5}^{-1}$	$\tilde{3}^{-1}$	$\tilde{3}^{-1}$	1	5	3
Documentação	$\tilde{9}^{-1}$	$\tilde{7}^{-1}$	$\tilde{5}^{-1}$	$\tilde{5}^{-1}$	1	$\tilde{3}^{-1}$
Classe	$\tilde{7}^{-1}$	$\tilde{5}^{-1}$	$\tilde{3}^{-1}$	$\tilde{3}^{-1}$	3	1

A matriz alfa-corte é calculada utilizando as equações descritas na secção 4.2.2. Atribuímos um valor de *0,5* ao nível de confiança (a) e ao índice ótimo (X).

Tabela 16. A matriz de corte alfa e os pesos subjectivos dos critérios de QoS.

	Tempo de resposta (ms)	**Débito**	**Fiabilidade**	**Melhores práticas**	**Documentação**	**Classe**	**Peso**
Tempo de resposta (ms)	1,000	3,000	3,000	5,000	9,000	7,000	**0,400**
Débito	0,375	1,000	1,500	3,000	7,000	5,000	**0,208**
Fiabilidade	0,375	1,500	1,000	3,000	5,000	7,000	**0,212**
Melhores práticas	0,208	0,375	0,375	1,000	5,000	3,000	**0,098**
Documentação	0,113	0,146	0,208	0,208	1,000	0,375	**0,029**
Classe	0,146	0,146	0,375	0,375	3,000	1,000	**0,053**

O teste de consistência é ilustrado da seguinte forma:

$$\lambda_{max} = (6{,}95 + 6{,}90 + 7{,}00 + 6{,}15 + 6{,}54 + 6{,}45)/6 = 6{,}74.$$

Calcular o indicador de coerência (*IC*):

$$IC = (\lambda_{max}-N) / (N-1) = (6{,}74-6) / (6-1) = 0{,}12$$

Calcular o rácio de coerência :

$RC = IC / ACI = 0{,}12 / 1{,}24 = 0{,}09.$

O rácio de coerência é igual a *0,09*. É inferior a a *0,1*, o que significa que os pesos atribuídos aos critérios de QoS são consistentes e que os julgamentos dos utilizadores são coerentes. No entanto, verificamos que o rácio de consistência obtido com o método AHP (RC= 0,04) é melhor do que o obtido com o Fuzzy AHP (RC=0,09). Esta diferença é explicada pelo facto de o AHP Fuzzy utilizar números fuzzy nas comparações entre critérios [Wang et al., 2008] [Liu et al., 2017]. Para o método AHP, a consistência é garantida desde que as relações de transitividade sejam satisfeitas nos julgamentos expressos em valores líquidos pelo utilizador [Zhu 2014].

Os pesos subjectivos dos critérios de QoS serão combinados com os pesos objectivos para calcular os pesos híbridos, que serão utilizados na fase seguinte da classificação dos serviços Web Skyline.

5.3.3.2.3 Cálculo dos pesos híbridos

Os pesos híbridos são calculados através da agregação de pesos subjectivos extraídos das opiniões dos utilizadores com pesos objectivos calculados com base em dados históricos de QoS. Esta agregação permite incorporar as preferências do utilizador no processo de seleção e lidar com a imprecisão das suas preferências.

Os pesos híbridos são calculados utilizando a expressão (5.1).

λ, Ao atribuir o valor 0 a , os pesos serão reduzidos apenas a pesos subjectivos, enquanto que ao atribuir o valor 1 a 1 os pesos serão reduzidos apenas a pesos objectivos. Neste exemplo, o valor 0,5 é atribuído a 1.

$_{+}Wj = Woj * 0,5\ Wsj * 0,5$

Tabela 17. Cálculo dos pesos híbridos.

Critérios	Tempo de resposta (ms)	Débito	Fiabilidade	Melhores práticas	Documentação	Classe
Pesos subjectivos	0,08	0,06	0.08	0,41	0,06	0,30
Pesos-alvo	0,40	0.21	0.21	0,1	0,03	0,05
Pesos híbridos	0,28	0,135	0.15	0,255	0,045	0,175

5.3.3.3 Armazenamento parcial com PROMETHEE I

$^{+-}$Após calcular a intensidade de preferência, o grau de preferência, o fluxo positivo (Φ) e o fluxo negativo (Φ) para cada serviço web Skyline, utilizando as expressões (4.19), (4.20) e (4.21), os fluxos positivos e negativos podem ser utilizados para efetuar uma classificação parcial dos serviços web Skyline.

Tabela 18. Cálculo dos fluxos positivos, negativos e líquidos.

Classificação	Sn	Serviço	Fluxo positivo	Fluxo negativo	Fluxo líquido
1st	S1	FastWeather	3,166	0,112	3,054
2nd	S4	Apanhador de Tempo	1,820	1,032	0,788
3rd	S3	Previsão do tempo	1,548	1,118	0,331
4.o	S6	Meteorologia global	0,431	2,444	-2,013
5th	S7	ndfdXML	0,400	2,660	-2,260

O serviço *FastWeather* é identificado como o melhor serviço Skyline Web, com as seguintes classificações parciais: s1, s4, s3, S6 e s7. Os dois serviços S6 e S7 são incomparáveis.

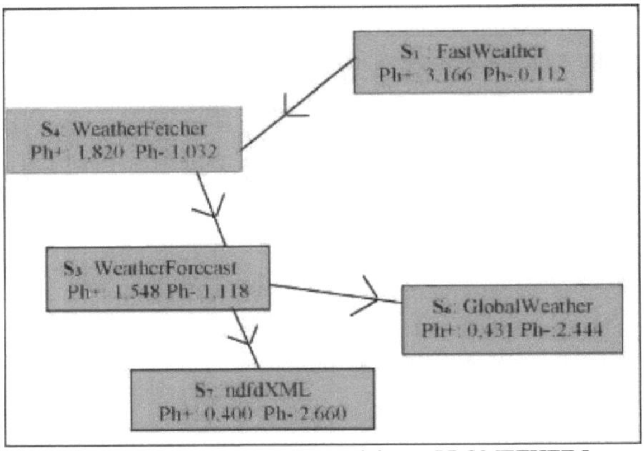

Figura 21. Armazenamento parcial com PROMETHEE I

5.3.3.4 Plano Gaia

O design de Gaia é uma ferramenta analítica [Brans et al 1994] [Albadvi et al 2007], é ий^ё para extrair algumas observações sobre alternativas e critérios, tais como: alternativas que são boas em alguns critérios e más noutros, critérios semelhantes, opostos ou indëpendentes.

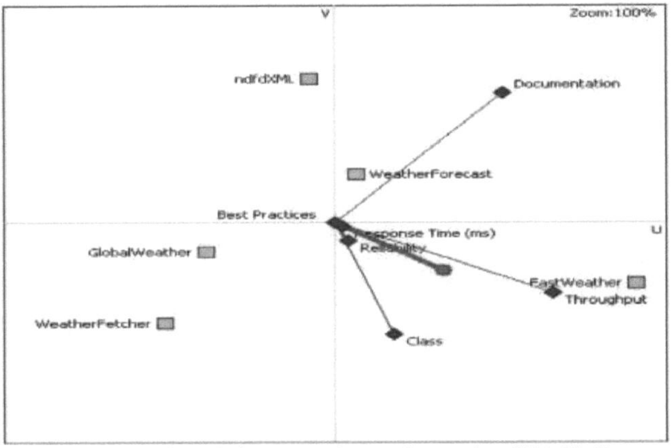

Figura 22. O plano Gaia para a selecção dos serviços Web Skyline.

O plano Gaia relativo à seleção dos serviços Web mëtëorológicos do Skyline é ilustrado na figura 22. Os serviços Web são representados por rectângulos verdes e critérios SQ. por vectores azuis. O serviço *FastWeather* é melhor em termos de *velocidade,* classe e *tempo de resposta*, mas pior em termos de documentação. Os dois serviços Web Skyline *ndfdXML* e *WeatherForecast* são bons em termos de *documentação* e maus nos outros critérios. Os critérios (*taxa de transferência, tempo de resposta, fiabilidade, classe*) são semelhantes; os critérios (*classe e documentação*) são independentes. A Figura 22 mostra também a direção do eixo da precisão (representado pelo vetor vermelho) para o serviço Web Skyline *FastWeather*, que representa o serviço Web Skyline meteorológico mais relevante.

5.3.3.5 Análise de sensibilidade a alterações nos pesos dos critérios de QoS

A análise de sensibilidade apresentada no quadro 19 fornece, para cada critério de QoS, os limites dos pesos que podem ser modificados sem alterar a ordem do serviço Web Weather

Skyline.

Quadro 19. Análise de sensibilidade.

Critérios de QoS	Tempo de resposta	Débito	Acessibilidade	Boas práticas	Documentação.	Classe
Peso	0,280	0,135	0,150	0,255	0,045	0,175
Mínimo	0,000	0,000	0,000	0,000	0,000	0,059
Máximo	4,435	infinito	97,203	infinito	0,128	infinito

Podemos ver que os critérios de *tempo de resposta*, *acessibilidade* e *documentação* têm um maior impacto no resultado da classificação do serviço Web Skyline meteorologique.

5.4 Abordagem IFAHP

A terceira abordagem proposëe na nossa contribuição é 1 abordagem IFAHP [Ouadah et al., 2018d]. Trata-se de uma versão arëHorëe do fuzzy AHP para a sëlection de serviços Web representativos. Com 1 aumento do número de serviços publiës na Web, escolher um serviço entre vários candidatos que oferecem a mesma functionatitë com diferentes QoS tornou-se um problema crucial. O método Skyline surgiu nos últimos anos como um novo paradigma para a escolha dos melhores serviços Web [Borzsony 2001] [Benouaret et al 2012] [Yu et al, 2009], é visto como uma direção promissora para reduzir o espaço de decisão do utilizador, pré-selecionando os melhores serviços Web e descartando outros serviços Web dominados. No entanto, a relação de dominância usada pelo Skyline tem algumas desvantagens: (i) o tamanho do resultado do Skyline não pode ser controlado, de facto, o resultado do Skyline pode ser grande e ganancioso, o que requer muito esforço para processar, pois pode ser muito pequeno e inconsistente para o utilizador, (ii) O Skyline geralmente devolve resultados contraditórios e incomparáveis, o que torna o processo de seleção muito difícil para o utilizador, (iii) No entanto, o Skyline dá a mesma importância aos ciriëres de seleção (QoS), a QoS difere de um contexto para outro e de um utilizador para outro, por exemplo, no contexto do pagamento eletrónico, o critério da segurança é mais importante do que os outros critérios, mas no contexto da recuperação de informação, o tempo de resposta é o critério mais importante.

Para controlar o tamanho do resultado do Skyline, o conceito de Skyline K-representativo foi ëlë propostoë por [Lin et al., 2007] [Tao et al., 2009], esta variante do Skyline permite retornar um subconjunto do resultado do Skyline que representa a totalidade do resultado do Skyline. № No entanto, essa variante retorna um conjunto de Web services conflitantes e incomparáveis em termos de QoS, onde, o usuário encontra dificuldades em escolher os melhores serviços que atendam às suas necessidades [Ouadah et al., 2018b] [Ouadah et al., 2018c],.

A abordagem da utilização de métodos de apoio à decisão multicritério (MCDMs) para a classificação de alternativas não é nova, o AHP (Analytical Hierarchy Process) e o Fuzzy AHP representam os métodos mais utilizados como ferramenta de apoio à decisão em vários domínios para a sëlection de serviços, clientes matëriels, ëquipements, consumidores, ...etc [Chang 1996] [Godse et al., 2008] [Kwong et al., 2002]. A principal vantagem do AHP e do Fuzzy AHP reside na sua capacidade: (1) de ser combinado com outros métodos de apoio à decisão multicritério, (2) de avaliar medidas quantitativas e qualitativas, e (3) de ser utilizado em conjunto com outros métodos de apoio à decisão.

(3) verificar a coerência das apreciações dos utilizadores. Várias abordagens têm sido propostas na literatura, combinando o método AHP com outros MCDMs, tais como PROMETHEE [Macharis et al., 2004] [Wang et al., 2007] [Karim et al., 2011], Electre [Kaya

et al, 2011], Topsis [Buyukozkan et a., 2012] [Onut et al., 2008], Fuzzy Topsis [Barrios et a., 2016], Skyline e PROMETHEE [Ouadah et al, 2015 a, b], Skyline, Entropia e PROMETHEE [Ouadah et al., 2018a]. No entanto, o AHP e o Fuzzy AHP requerem o preenchimento de várias matrizes de comparação entre critérios e entre alternativas de acordo com a sua importância expressa como uma escala de Saaty (1-9), o que exige muito esforço do utilizador e torna-os muito difíceis de utilizar na prática, especialmente no domínio da seleção de serviços Web, onde o número de serviços publicados aumenta diariamente. Poucos estudos se debruçaram sobre a geração automática de matrizes de comparação entre critérios e variantes, utilizando dados da matriz de desempenho. O único trabalho que encontrámos foi o de Nefeslioglu et al [Nefeslioglu et al., 2013], onde os autores propõem uma versão modificada do método AHP, em que é pedido ao utilizador que atribua uma pontuação para cada intervalo de valores de cada critério, o que representa uma espécie de discretização manual dos dados. Esta abordagem requer um grande esforço por parte do utilizador e é muito difícil de utilizar, especialmente quando o número de alternativas é muito grande, como no domínio da seleção de serviços Web.

Com os métodos AHP e Fuzzy AHP, o utilizador tem de refazer todo o trabalho de reconstrução destas matrizes de comparação se o teste de consistência falhar (o rácio de consistência excede o valor 0,1), o que é uma tarefa fastidiosa, particularmente quando o número de critérios e alternativas é muito grande.

Para ultrapassar estes inconvenientes, propomos uma abordagem híbrida:

- O resultado do Skyline é segmentado em k clusters para identificar o conjunto de K serviços Web Skyline representativos, que representam a totalidade do resultado do Skyline e dão ao utilizador uma visão resumida de todo o resultado do Skyline.
- Propõe-se uma versão melhorada do método Fuzzy AHP com o objetivo de: (1) ponderar os critérios de QoS com base na explicitação das preferências dos utilizadores, utilizando um conjunto de termos linguísticos e minimizando o esforço do utilizador, (2) agrupar os critérios de QoS de acordo com o seu grau de importância, de modo a reduzir o número de comparações binárias entre critérios de QoS, (3) gerar automaticamente vectores de prioridade para cada critério, a partir de dados de QoS, utilizando um algoritmo de discretização, (4) classificar os serviços Web representativos da Skyline k, a fim de fornecer ao utilizador uma pequena lista de serviços Web relevantes que melhor satisfaçam as suas necessidades.

5.4.1 Exemplo motivador

Considere o seguinte exemplo, que ilustra a relevância da utilização do método Skyline. Consideremos um conjunto de serviços Web que oferecem a mesma funcionalidade de pagamento eletrónico com QoS diferentes, estes serviços proporcionam aos utilizadores um meio muito rápido de reserva e pagamento em linha. Neste exemplo, são considerados dois critérios de QoS: *tempo de resposta* e *segurança*. Suponha que os dados de QoS são normalizados e que ambos os critérios são minimizados (valores mínimos são preferidos). O utilizador procura serviços Web relevantes no que diz respeito aos dois critérios de QoS, *tempo de resposta* e *segurança*, e o resultado do Skyline, que representa os serviços Web mais relevantes, é ilustrado na Figura 23.

Tabela 20. Dados QoS.

Service	QoS
S_1	(0.6, 0,5)
S_2	**(0.1, 0.8)**
S_3	**(0.7, 0.2)**
S_4	(0.3, 0.8)
S_5	**(0.2, 0.6)**
S_6	(0.7, 0.9)
S_7	(0.3, 1.0)
S_8	(0.4, 0.4)
S_9	**(0.8, 0.1)**
S_{10}	**(0.3, 0.3)**
S_{11}	**(0.25, 0.4)**

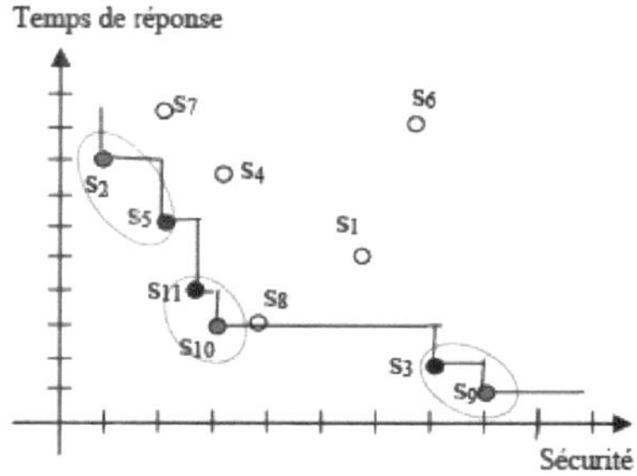

Figura 23. Serviços Web Skyline representativos de K.

Uma das principais caraterísticas do operador Skyline é o facto de atribuir a mesma importância a todos os critérios. No entanto, os pesos dos critérios são muito relevantes em vários domínios e variam de um domínio para outro e de um contexto para outro. Por exemplo, no comércio eletrónico, o critério de *segurança* tem prioridade sobre os outros critérios. No exemplo acima, o serviço Web Skyline s_2 representa o serviço mais seguro, enquanto o serviço Web s_{10} apresenta um bom compromisso entre os dois critérios. Já no domínio da recuperação de informação, o utilizador procura o melhor serviço em termos de *tempo de resposta*, como é o caso do serviço Web s_9. Por conseguinte, os critérios de QoS devem ser classificados de acordo com as preferências do utilizador. Além disso, dada a dificuldade de controlar o número de serviços Web devolvidos pelo Skyline, o utilizador precisa de ter um resumo que represente todos os resultados do Skyline. A variante K-representativa do Skyline atende a essa necessidade, retornando os serviços da Web Skyline mais relevantes. Neste exemplo, supondo que K=3, essa abordagem deve retornar s_2, s_{10} e s_9.

s_2: o serviço Web Skyline mais sëcurisë.

s_{10}: o serviço Web Skyline com o melhor compromisso entre critérios de QoS.

s_9: o melhor serviço Web Skyline em termos de tempo de resposta.

No entanto, os serviços Web devolvidos pelo método K-representativo Skyline (os pontos a vermelho, ver Figura 23) são incomparáveis e conflituosos, pelo que o utilizador deve expressar as suas preferências sobre os critérios de QoS para classificar os serviços Web de acordo com as suas preferências.

5.4.2 Abordagem Fuzzy AHP melhorada (IFAHP) :

A abordagem da IFAHP que propomos responde aos seguintes objectivos

(1) Redução do espaço de pesquisa, oferecendo ao utilizador apenas os serviços Web que não são dominados por nenhum outro serviço e que representam um resumo do resultado global do Skyline.

(2) Proposta de uma versão melhorada do método Fuzzy AHP, que oferece as seguintes contribuições:

- A expressão das preferências relativas aos níveis de importância dos critérios de QoS utilizando termos linguísticos;
- O agrupamento de critérios de QoS que têm o mesmo nível de importância, a fim de

reduzir o número de comparações entre critérios de QoS na fase de ponderação;

o Geração automática de matrizes de comparação entre os serviços Web Skyline relativamente a cada critério de QoS, utilizando a discretização da matriz de desempenho (dados QoS);

o Armazenamento dos serviços Web dos representantes K da Skyline.

As fases da abordagem IFAHP (ver Figura 24) são descritas de seguida:

No primeiro passo, o operador Skyline é utilizado para descartar serviços Web irrelevantes e concentrar-se nos melhores serviços que não são dominados por nenhum outro serviço. Em seguida, o resultado do Skyline é segmentado num conjunto de k clusters, com base no método K-means, o melhor serviço Web Skyline de cada cluster será proposto ao utilizador.

Na segunda etapa, propomos uma versão melhorada do método Fuzzy AHP para calcular os pesos dos critérios de QoS e classificar os k serviços Web Skyline representativos.

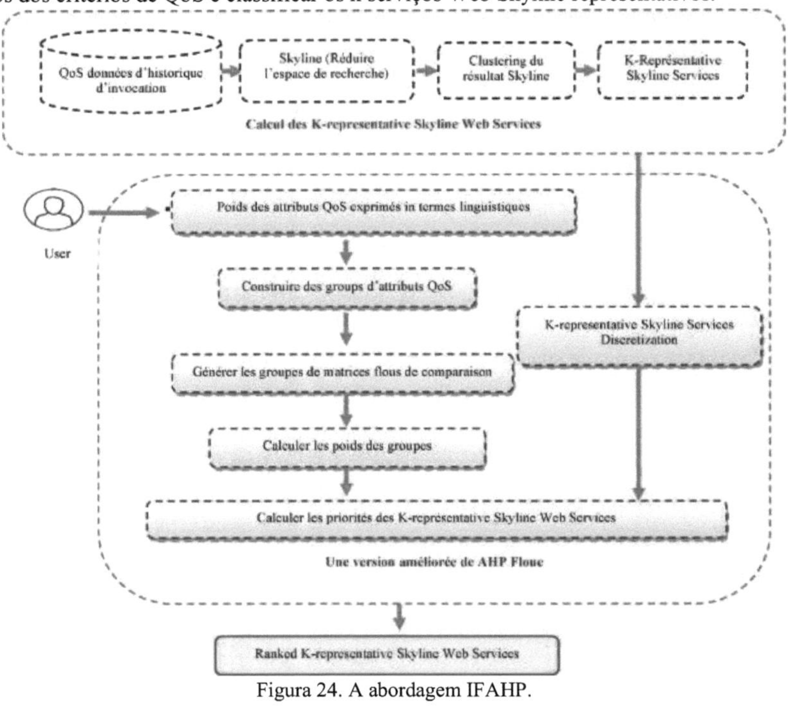

Figura 24. A abordagem IFAHP.

5.4.2.1 Cálculo dos serviços Web representativos do Skyline k

O operador Skyline é uma ferramenta popular e relevante para modelar e processar preferências em bases de dados [Borzsonyi et al., 2001]. Dado um conjunto de objectos $p_i, p_2, \ldots p_n$, o operador Skyline devolve o conjunto de objectos p_i que não são dominados por nenhum outro objeto p_j. O operador Skyline baseia-se na relação de dominância de Pareto, que pode ser formalizada da seguinte forma

$S_j \in S$, Dado s_i, diz-se que s_i domina s_j, denotado por $s_i < s_j$, se e só se Si for melhor ou igual a s_j em todos os critérios de QoS e melhor estritamente num único critério de QoS. O resultado

Skyline de um conjunto de Web Services *S*, com funcionalidade semelhante, representa o subconjunto s_i que não é dominado por nenhum outro Web Service s_j em *S*.

$\forall u \in [1,m],\ G_u(S_i) \leq G_u(S_j) \wedge \exists v \in [1,m],\ G_v(S_i) < G_v(S_j)$

O Skyline K-reprOsentative é uma variante do Skyline que devolve ao utilizador um resumo do resultado global do Skyline [Lin et al., 2007] [Tao et al., 2009]. Reduz consideravelmente o tamanho do resultado do Skyline, devolvendo apenas os serviços Web mais relevantes.

5.4.2.1.1 Cálculo do resultado da linha do horizonte

O operador Skyline é utilizado para reduzir o espaço de pesquisa e concentrar-se nos serviços Web que não são dominados por nenhum outro serviço. O algoritmo BNL (Block Nested Loops) [Borzsonyi et al., 2001] é utilizado para calcular o resultado do Skyline devido à sua simplicidade e facilidade de utilização.

5.4.2.1.2 Segmentação dos resultados do Skyline

O método K-means é utilizado para segmentar a saída do Skyline em k segmentos, cada segmento conterá serviços Web Skyline que são semelhantes entre si e dissemelhantes em comparação com os serviços Web Skyline nos outros segmentos.

O método K-means é o método de segmentação mais utilizado na literatura [Jain 2010], sendo simples, fácil de utilizar e eficiente. As principais etapas do método K-means são :

1- Selecionar o número de segmentos K a compor e a função de cálculo da distância;

Repetir os passos 2 e 3 até os segmentos estarem estáveis;

2- Criar um novo segmento, atribuindo cada serviço Web Skyline ao segmento mais próximo do centro do segmento;

3- Calcular os centros dos novos segmentos;

5.4.2.1.3 Seleção de serviços Web do horizonte K-reprOsentativo

Nesta abordagem, propomos escolher um serviço Web Skyline de cada segmento, o mais próximo do centro do segmento, o que nos permitirá selecionar o serviço Web com o melhor compromisso entre os critérios de QoS dentro do segmento.

Utilizamos o método Euclidiano para calcular as distâncias entre os serviços Web Skyline e os centros dos segmentos.

5.4.2.2 Descrição da nova versão do Fuzzy AHP

Nesta secção iremos dëcrever a nova versão do Fuzzy AHP com base nas suas diferentes ëtapes [Ouadah et al., 2018d]. Consiste em: explicitar a importância dos critérios de QoS, agrupá-los de acordo com a sua importância, calcular os pesos desses critérios, discretizar os dados de QoS, gerar as matrizes de comparação e, finalmente, organizar os Skyline Web Services.

5.4.2.2.1 Explicar a importância dos critérios de QoS

A importância dos critérios de QoS é formulada pelo utilizador com base nos seguintes termos linguísticos: o utilizador deve associar um nível de importância específico a cada critério:

Tabela 21. Termos linguísticos.

Termos linguísticos	Definição
VI	Tres important (Muito importante)
I	Importante
N	Normal
NI	Não é importante
NIA	Não é de todo importante

5.4.2.2.2 Agrupamento de critérios de QoS

O agrupamento de critérios de QoS envolve a atribuição de todos os critérios com a mesma importância ao mesmo grupo. Assumimos que os critérios que pertencem ao mesmo grupo terão o mesmo peso.

Os critérios de QoS são agrupados em cinco grupos, de acordo com a sua importância, como se indica a seguir:

$G_i = (G_i, G_2, \ldots, G_5)$. ou :

G1 contém os critérios de QoS mais importantes (*VI*);

G2 contém os critérios importantes de QoS (*I*) ;

G3 contém critérios de QoS que têm a mesma importância Normal (N) ;

G4 contém os critérios de QoS não importantes (*NI*);

G5 contém os critérios de QoS não importantes (*NIA*).

No exemplo descrito na secção (5.4.1), se o nível de importância dado pelo utilizador aos dois critérios *segurança* e *tempo de resposta* for, respetivamente, VI (muito importante) e NI (pouco importante), então os dois critérios pertencerão a dois grupos diferentes G1 e G4, ou seja, G1 = {segurança} e G4 = {tempo de resposta}.

5.4.2.2.3 Geração da matriz de comparação de grupos

A matriz de comparação entre os grupos pode ser construída utilizando a matriz de dependência (DEP) entre os termos linguísticos, que exprime a relação entre dois termos linguísticos utilizando números fuzzy triangulares (TFN):

$$DEP = \begin{array}{c} \\ VI \\ I \\ N \\ NI \\ NIA \end{array} \begin{array}{c} \begin{array}{ccccc} VI & I & N & NI & NIA \end{array} \\ \begin{bmatrix} 1 & \tilde{3} & \tilde{5} & \tilde{7} & \tilde{9} \\ \tilde{3}^{-1} & 1 & \tilde{3} & \tilde{5} & \tilde{7} \\ \tilde{5}^{-1} & \tilde{3}^{-1} & 1 & \tilde{3} & \tilde{5} \\ \tilde{7}^{-1} & \tilde{5}^{-1} & \tilde{3}^{-1} & 1 & \tilde{3} \\ \tilde{9}^{-1} & \tilde{7}^{-1} & \tilde{5}^{-1} & \tilde{3}^{-1} & 1 \end{bmatrix} \end{array}$$

A intensidade de importância entre termos linguísticos é expressa em números difusos triangulares (TFN) de acordo com a seguinte escala de comparação:

Quadro 22: Escala de comparação entre termos linguísticos.

Números difusos	Definição	Função
T	Igual importância	(1,1,2)
3	Importância moderada	(2,3,4)
5	Grande importância	(4,5,6)
7	Muito importante	(6,7,8)
9	Extrema importância	(8,9,10)

A matriz de dependência pode ser descrita da seguinte forma: um critério de QoS muito importante (VI) tem a mesma importância que outro critério muito importante (VI), um critério de QoS muito importante (VI) tem uma importância moderada em relação a outro critério de QoS importante (I), um critério de QoS muito importante (VI) tem uma importância extrema em relação a outro critério de QoS que não tem qualquer importância (NIA), ... etc.

No exemplo da secção (5.4.1), a comparação entre os dois grupos G1 (que contém os critérios de QoS mais importantes) e G4 (que contém os critérios de QoS sem importância) é dada da seguinte forma:

$$CM(G_1, G_4) = \begin{array}{c} \\ G_1 \\ G_4 \end{array}\begin{array}{c} \begin{array}{cc} G_1 & G_4 \end{array} \\ \begin{bmatrix} \tilde{1} & \tilde{7} \\ \tilde{7}^{-1} & \tilde{1} \end{bmatrix} \end{array}$$

5.4.2.2.4 Cálculo dos pesos para grupos de critérios de QoS

Agora que a matriz de comparação está gënërëe, os pesos dos grupos de critérios podem ser calculados seguindo os passos do método Fuzzy AHP descritos na secção 4.2.2.

5.4.2.2.5 Discretização da matriz de desempenho

Com o Fuzzy AHP, para calcular a prioridade das alternativas em relação a cada critério de QoS, o utilizador tem de preencher um conjunto de matrizes de comparação, o que exige um grande esforço, sobretudo quando o número de alternativas é muito elevado. Para ultrapassar este inconveniente, propomos gerar automaticamente as matrizes de comparação entre os Skyline Web services em relação a cada critério, através de um algoritmo de discretização da matriz de desempenho que contém os dados de QoS dos k-representativos Skyline Web services.

De acordo com [Garcia et al., 2013], a discretização permite transformar dados quantitativos em dados qualitativos, critérios numéricos em critérios discretos ou nominais com um número finito de intervalos. Na prática, a discretização pode ser vista como um método de redução de dados, mapeando dados de um amplo espetro de valores numéricos para um subconjunto altamente reduzido de valores discretos.

Na nossa abordagem, seguiremos o seguinte processo para a discretização dos dados de QoS:

Etapa 1: normalização dos dados: nesta etapa, os dados de QoS são normalizados de modo a que o maior valor seja o preferido.

Para critérios de QoS negativos, é preferível o valor mais elevado (por exemplo, segurança):

$$NG_J(S_i) = \frac{max - G_J(S_i)}{max - min} \qquad (5.1)$$

Para critérios de QoS positivos, é preferível o valor mais baixo (por exemplo, tempo de resposta):

$$(5.2) \qquad NG_J(S_i) = \frac{G_J(S_i) - min}{max - min}$$

Etapa 2: Discretização: Nesta etapa, transformamos os valores contínuos em discretos, utilizando o método da largura igual [Dougherty et al., 1995], que divide os critérios contínuos de QdS em K intervalos utilizando o seguinte algoritmo:

Algoritmo 5.3 Discretização dos dados de QoS

***Entrada**: Dados QoS, número de K faixas horárias.*

***Para cada** critério de QoS*

Calcule a largura de cada intervalo utilizando a seguinte função:

*[min + (k-1)*w, min+k*w]*

Por estes meios :

O primeiro intervalo é: [min, min+w].

*oŭ : min + k*w = max.*

Rotulagem de dados QoS: utilização de termos linguísticos.

***Fim**.*

Devolver dados QoS

Nesta abordagem, propomos um valor de k = 5, em que cada intervalo exprime um nível de importância, como se segue:

Quadro 23. Rotulagem dos dados QoS.

Intervalos	Etiqueta	Descrição
[min, min+w[	VI	Muito importante
[min+w, min+2*w[	I	Importante
[min+2*w, min+3*w[	N	Normal
[min+3*w, min+4*w[	NI	Não é importante
[min+4*w, min+5*w]	NIA	Não é importante para tudo

A operação de rotulagem dos dados QoS permite descrever o nível de importância de cada Skyline Web Service em relação a cada critério QoS. A importância, neste caso, significa a relevância do Skyline Web Service em relação a esse critério de QoS.

No nosso exemplo, assumimos que k=5, pelo que w= (1-0)/5 =0,2. Os dados de QoS para os serviços Web da Skyline podem ser discretizados da seguinte forma:

Tabela 24. Exemplo de discretização de dados QoS.

Serviço Web Skyline	Tempo de resposta	Etiqueta de tempo de resposta	Segurança	Etiqueta de segurança
s2	0.1	VI	0.8	NIA
s10	0.3	I	0.3	I
s9	0.8	NIA	0.1	VI

Como se pode ver na Tabela 24, o serviço Web Skyline s2 é muito importante em termos do critério de *tempo de resposta*, mas não é importante em termos do critério de segurança. O serviço Web Skyline s10 é importante em termos de ambos os critérios de QoS. O serviço Web Skyline S9 é muito importante para a *segurança*, mas não para o *tempo de resposta*.

5.4.2.2.6 Cálculo das prioridades

Nesta etapa, exploramos os dados discretizados para gerar as matrizes de comparação binária entre cada um dos dois Skyline Web Services, em relação a cada critério de QoS. Para tal, utilizamos a matriz de dependência entre os termos linguísticos e seguimos o mesmo procedimento descrito na secção 6.4.2.2.3.

No exemplo anterior, e para gerar o vetor de prioridades entre os dois Web services Skyline *s2* e *S10*, relativamente ao critério *tempo de resposta*, o serviço *s2* é rotulado como muito importante (VI), *o s10* é rotulado como importante (I). Por conseguinte, a comparação entre os dois serviços Web em termos de tempo de resposta corresponde à comparação entre os dois termos linguísticos VI e I, dada da seguinte forma

$$CM(S_2,S_{10}) = \begin{array}{c} \\ S_2 \\ S_{10} \end{array}\!\!\begin{array}{c} \begin{array}{cc} S_2 & S_{10} \end{array} \\ \begin{bmatrix} \tilde{1} & \tilde{3} \\ \tilde{3}^{-1} & \tilde{1} \end{bmatrix} \end{array}$$

Depois de as matrizes de comparação binária terem sido geradas automaticamente, os vectores de prioridade podem ser calculados utilizando o procedimento clássico Fuzzy AHP proposto por [Chang 1996].

5.4.2.2.7 Resumo das prioridades e classificação do Skyline Web Service k-representative

Depois de calcular os pesos dos critérios de QoS e os vectores de prioridades do Skyline Web Service, este último pode ser classificado com base na pontuação calculada da seguinte forma

$$\text{IFAHP Score}_i = \sum_j QoS\ Eigenvector_j \times W_i \quad (5.3)$$

5.5 Conclusão

Neste capítulo, apresentámos as abordagens propostas para ultrapassar os problemas identificados no início desta tese. Começámos por apresentar a abordagem SkyAP-S3, que combina três métodos de apoio à decisão multicritério: Skyline para a redução do espaço de pesquisa, AHP para a ponderação dos critérios de QoS e PROMETHEE para a classificação dos serviços Web Skyline, permitindo oferecer ao utilizador uma lista restrita de serviços Web que melhor satisfazem as suas preferências. Em seguida, apresentámos a abordagem SEFAP (Skyline, Entropy, Fuzzy AHP e PROMETHEE), uma versão melhorada do SkyAP-S3, que aborda o problema da subjetividade e da imprecisão da opinião do utilizador na ponderação dos critérios de QoS, O método Entropy é utilizado para extrair os pesos dos critérios de QoS dos dados de QoS, enquanto o Fuzzy AHP aborda a imprecisão e a subjetividade nas opiniões dos utilizadores utilizando
l'integration de la thcorie de l'ensemble fuoue. A abordagem mais recente appelëe IFAHP, propõe uma nova versão do método Fuzzy AHP, para remëdier os inconvënientes prësentës pelo Fuzzy AHP clássico, Esta nova versão gere automaticamente as diferentes matrizes de comparação entre critérios e entre alternativas, a fim de minimizar os esforços do utilizador ao ponderar os critérios de QoS e classificar os serviços Web Skyline k-representativos.

6 Implementação e experimentação

6.1 Apresentação do protótipo

Nesta secção, apresentamos o protótipo denominado SEFAP (Skyline Web Services Ranking). Começamos por descrever os módulos que compõem o protótipo, nomeadamente: carregamento de dados de QoS, cálculo do resultado Skyline, cálculo de pesos subjectivos e objectivos, e classificação parcial e completa dos serviços Web Skyline.
A figura 25 apresenta uma visão geral do protótipo.

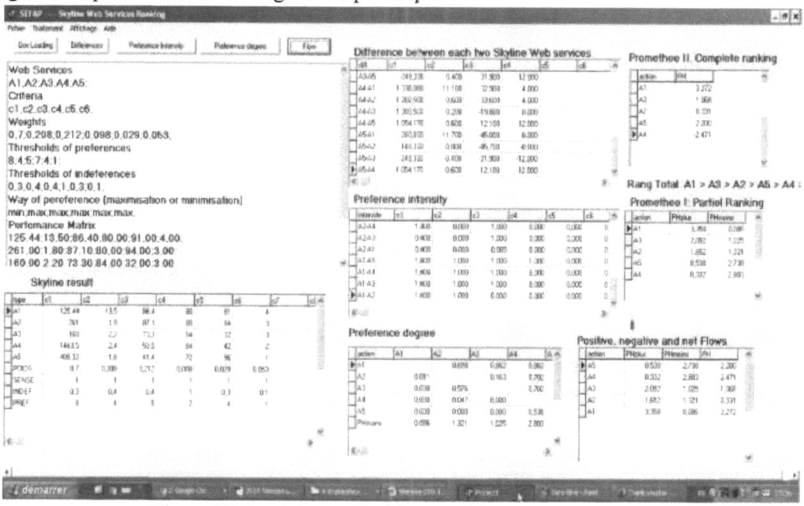

Figura 25. Protótipo produzido no âmbito das experiências.

1- Carregamento de dados :

Esta função foi desenvolvida para carregar as bases de dados: QWS Dataset e NBA Dataset, utilizadas durante as fases de experimentação.

2- Módulo de cálculo Skyline :

Calcula a consulta Skyline para um conjunto de dados.

3- Organização de serviços Web

Esta função calcula e apresenta :

- a diferença entre os dois serviços Web Skyline em todos os critérios.
- Intensificação das relações entre os dois serviços Web Skyline em todos os critérios;
- O grau de preferência entre dois Skyline ;
- Fluxos positivos, negativos e líquidos;
- Classificação dos serviços Web Skyline por fluxo líquido.

É acrescentada uma função adicional para calcular o tempo de execução de cada fase.

Algumas simulações e a criação de relatórios gráficos foram efectuadas em Excel.

6.2 Estudo experimental das abordagens SkyAP-S3 e SEFAP :

Nesta secção, apresentamos uma avaliação experimental das abordagens SkyAP-S3 e SEFAP. O nosso estudo experimental foi efectuado num PC com um CPU core duo de 2,01 Ghz, 2,09 Ghz e 2 GB de RAM. Utilizámos duas bases de dados públicas, o QWS Dataset e o NBA Dataset.

6.2.1 Base de dados do conjunto de dados QWS

O objetivo desta base de dados é fornecer aos investigadores de serviços Web um conjunto de dados para experimentarem o seu trabalho. Trata-se de uma base de dados pública proposta por [Al-masri et al., 2007], que fornece um conjunto de 365 serviços Web reais, atualmente existentes na Web, e que inclui medições de nove critérios de QoS:

Tempo de resposta: é o tempo que decorre entre o envio do pedido pelo cliente e a receção da resposta pelo serviço Web. A unidade de medida é o ms (milissegundos).

Disponibilidade: é medida pelo rácio entre o número de invocações bem sucedidas e o número total de invocações.

Taxa *de transferência*: representa o número de invocações durante um determinado período de tempo. A unidade de medida é (invocações/segundo).

Sucesso: mede-se pelo rácio entre o número de respostas e o número de pedidos.

Fiabilidade: é medida pelo rácio entre o número de mensagens de erro e o número total de mensagens.

Conformidade: é medida pelo grau em que o ficheiro de descrição WSDL está em conformidade com as especificações do W3C.

Melhores práticas: a medida em que um serviço tem em conta o perfil básico WS-I

Latência: é o tempo que o servidor demora a processar a mensagem. A unidade de medida é ms (milissegundos).

Documentação: medida de documentação (ou seja, descrição de etiquetas) para WSDL

6.2.1.1 Calcular o Skyline Web Services

Neste estudo experimental, assumimos que todos os serviços Web no conjunto de dados QWS oferecem a mesma funcionalidade. Para calcular a pontuação Skyline, utilizámos o algoritmo BNI. Verificámos que o resultado do Skyline varia de acordo com o número de critérios de QoS. Para 8 critérios, o resultado do Skyline devolve 117 serviços Web dos 2507 oferecidos, para 3 e 4 critérios o resultado do Skyline devolve apenas 12 serviços Web dos 2507.

Se variarmos o número de critérios de QoS a ter em conta no cálculo do resultado Skyline de 3 para 9, a dimensão do resultado Skyline altera-se em conformidade (ver figura 26).

Pode ver-se que o espaço de pesquisa foi consideravelmente reduzido para o utilizador, permitindo-lhe concentrar-se apenas nos serviços Web relevantes que não são dominados por nenhum outro serviço. Por exemplo, para oito critérios de QoS, o espaço de pesquisa é reduzido de 2507 serviços Web para apenas 117 serviços Web, o que representa 1/21 do espaço inicial. A redução do espaço de decisão facilitará muito a tarefa do utilizador durante a fase de seleção. Além disso, podemos ver que o resultado do Skyline aumenta consideravelmente à medida que o número de critérios de QoS aumenta.

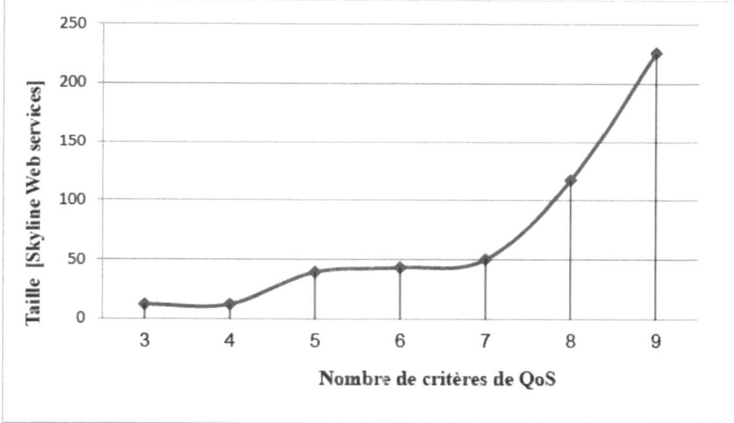

Figura 26. Tamanho do resultado do horizonte de acordo com o número de critérios de QoS.

6.2.1.2 Classificação dos serviços Web da Skyline

A Tabela 25 e a Figura 27 ilustram os 10 melhores serviços Web Skyline, tendo em conta seis critérios de QoS: (Q1: *Tempo de resposta*, Q2: *Disponibilidade*, Q3: *Taxa de transferência*, Q4: *Acessibilidade*, Q5: *Fiabilidade*, Q6: *Conformidade*, Q7: *Boas práticas,* Q8: Latência): *Boas práticas*, Q8: *Latência*), o resultado mostra que tanto o SkyAP-S3 como o SEFAP podem captar as preferências do utilizador e devolver os serviços Web Skyline mais relevantes com o melhor compromisso entre os critérios de QoS.

Classificação dos serviços Skyline

Ranking of services Skyline

Service	Phplus	PHminus	PH
A1101	[illegible]	14,7[illegible]	[illegible]
A832	79,606	15,562	64,044
A1610	71,319	26,386	44,933
A2200	70,403	27,326	43,077
A1556	69,925	27,426	42,499
A760	67,037	29,288	37,750
A170	64,539	27,815	36,725
A1482	66.589	30.220	36.369
A462	65.473	29.480	35.994
A1[illegible]0	[illegible]	[illegible]	[illegible]
A787	65,884	32,394	33,490

Figura 27. Resultado da organização dos serviços Web Skyline.

Tabela 25. Os 10 principais serviços Web Skyline.

Classificação	Serviço	Q1	Q2	Q3	Q4	Q5	Q6	Q7	Q8
1st	S1161	41	97	43,1	99	73	100	84	1
2nd	S832	57	98	34,6	100	73	100	84	1
3rd	S1610	80	99	36,3	100	80	100	87	13
4.o	S2200	78	100	35,3	100	67	78	72	1
5th	S1556	65	99	31,6	100	80	89	65	21
6th	S760	68,83	100	21,4	100	73	100	80	7,33
7a	S170	63,8	99	18,1	100	73	78	84	1,8
8th	S1482	71,16	99	21,9	100	78	89	89	16,44
9o.	S462	99	99	31,1	100	73	100	84	2
10th	S1390	57	91	27,3	97	83	89	93	14

6.2.1.3 Avaliação do desempenho

A partir do resultado da avaliação de desempenho, podemos ver que o tempo de execução para ordenar os serviços Web Skyline aumenta considërablement com o aumento do tamanho do resultado Skyline, o que é justificado pelo tempo necessário para calcular a intensidade das prëfërências e o grau de preferência entre cada dois serviços Web Skyline. Note-se que este tempo de exëcução foi reduzido consideravelmente através da redução do espaço de pesquisa, o que evitará a comparação de serviços Web Skyline com serviços Web não-Skyline. Por outro lado, se o método PROMETHEE utilizado para a ordenação dos serviços Web da Skyline for aplicado diretamente nos dados totais de QoS (2507), como foi proposto pelas abordagens existentes [Karim et al 2011] [Vesyropoulos et al. 2015][Seo et al. 2005], o tempo de execução aumentará de forma muito significativa.

A Figura 28 mostra que a redução do espaço de pesquisa utilizando o método Skyline supera as limitações de tempo computacional dos métodos de apoio à decisão multicritério, como o PROMETHEE [Marinoni 2006]. Por exemplo, com oito critérios de QoS, o espaço de pesquisa foi reduzido de 2507 serviços Web para apenas 117 serviços Web Skyline, o que melhorou o desempenho computacional das abordagens propostas: SkyAP-S3 e SEFAP.

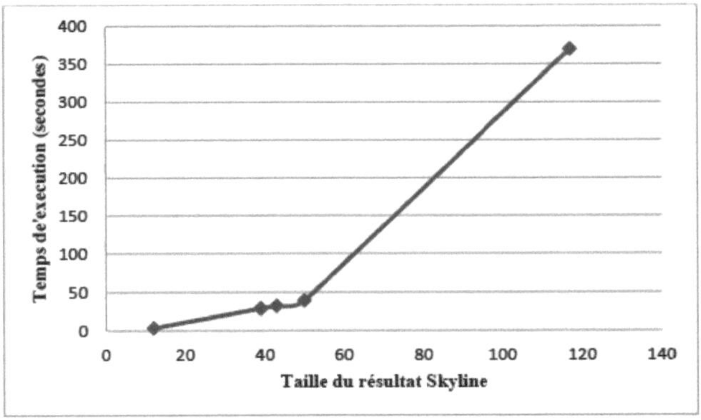

Figura 28. Avaliação do desempenho dos serviços Web Skyline.

6.2.1.4 Análise de sensibilidade dos pesos dos critérios de QoS

A análise de sensibilidade apresentada na Tabela 26 fornece, para cada critério de QoS, os limites inferior e superior entre os quais os pesos dos critérios podem ser variados sem alterar a classificação total dos 10 melhores serviços Web da Skyline.

Tabela 26. Análise de sensibilidade das ponderações de QoS.

Critérios	Q1	Q2	Q3	Q4	Q5	Q6	Q7	Q8
Peso	0,320	0,250	0,150	0,020	0,070	0,050	0,040	0,100
Mínimo	0,299	0,241	0,000	0,010	0,000	0,000	0,041	0,098
Máximo	0,344	0,281	0,166	0,059	0,101	0,068	0,020	0,101

A partir da tabela 26, podemos ver que os pesos dos critérios Q8: Latência e Q2: Disponibilidade têm um impacto elevado na classificação dos serviços Web Skyline. Os critérios Q5: Fiabilidade e Q6: Conformidade têm um impacto médio, enquanto os outros critérios têm um impacto aceitável.

6.2.2 Base de dados NBA DataSet

A base de dados NBA Dataset contém 21.961 registos, um conjunto de estatísticas relativas a 17 caraterísticas (critérios) dos jogadores da NBA durante as épocas de 1946 a 2009.

A fim de estabelecer comparações com as abordagens existentes, selecionámos os seguintes dez critérios: pontos marcados (*PTS:* Points Scored), total de ressaltos (*REB:* Rebounds), assistências (*AST:* Assists), golos de campo de 2 pontos (*FGM: Golos de campo marcados*), roubos totais (*STL: roubos*), bloqueios (*Blk: bloqueios*), *golos de campo tentados (FGA: golos de campo tentados), golos de campo marcados (FGM: golos de campo marcados*), lances livres tentados (*FTA*: lances livres tentados), lances livres marcados (*FTM*: lances livres marcados). O método Skyline selecionou 252 jogadores entre 21.961.

6.2.2.1 Ponderação dos critérios

Os pesos dos critérios foram calculados através da comparação de cada um dos dois critérios utilizando a escala de Saaty (1-9). A matriz de comparação binária entre os critérios é apresentada da seguinte forma:

Tabela 27. Ponderação dos critérios dos jogadores da NBA.

	P T	R E	A S	M C	F T	F T	S T	B L	T C	F C	P e
PTS	1	2	3	3	5	2	3	4	4	4	**0,23**
REB	1/2	1	3	3	2	3	3	2	2	2	**0,18**
ASTS	1/3	1/3	1	2	3	3	4	2	1	2	**0,14**
MGF	1/3	1/3	1/3	1	1/5	1/4	1/3	1/5	1	2	**0,03**
ACL	1/5	1/2	1/3	2	1	2	3	1/2	2	1	**0,08**
FTM	1/2	1/2	1/4	4	1/2	1	2	1/3	2	1	**0,08**
STL	1/3	1/3	1/4	3	1/3	1/2	1	1/3	2	3	**0,05**
BLK	1/4	1/2	1/2	5	2	3	3	1	2	3	**0,13**
TOV	1/4	1/2	1/5	1/5	1/2	1/3	1/2	1/2	1	1/3	**0,04**
FGA	1/4	1/5	1/4	1/3	1	1	1	1/2	3	1	**0,04**

6.2.2.2 Classificação dos jogadores da NBA

Após a ponderação dos critérios, os jogadores da NBA foram classificados utilizando o algoritmo de classificação proposto nas abordagens do SEFAP.

O resultado da classificação dos jogadores Skyline depende das preferências expressas pelo utilizador (limiares de preferência e de indiferença) e dos pesos atribuídos aos dez critérios. Comparando o resultado da classificação da nossa abordagem com as abordagens existentes [Dai et al. 2013][Vlachou et al. 2010].

Quadro 28. Comparação entre o SEFAP e outras abordagens.

Encomendar	SEFAP	Frequência Skyline	Skyrank
1st	G. Mcginnis 1974	Sr. Jordan1986	G. Mcginnis 1974
2nd	Sr. Jordan 1988	G. Mcginnis 1974	H. Olajuwon 1988
3rd	J. Erving 1975	Sr. Jordan1987	C. Barkley1985
4.o	J. Erving 1973	W. Chamb.1961	H. Olajuwon 1989
5th	J. Erving 1974	C. Barkley 1987	C. Barkley 1987
6th	Sr. Jordan 1987	C. Barkley 1985	Sr. Jordan1987
7a	Sr. Malone 1981	M. Richardson 1979	A. Iverson 2004
8th	W. Chamb.1963	H. Olajuwon1988	Sr. Jordan 1986
9o.	Sr. Jordan 1986	H. Olajuwon1989	J. Stackhouse 2000
10th	Sr. Jordan 1989	Sr. Jordan 1988	D. Robinson 1993

No resultado da classificação de jogadores do Skyline mostrado na Tabela 28, vemos que a maioria dos jogadores retornados pelas abordagens *de frequência do Skyline* e *SKYRANK* foram retornados pela nossa abordagem SEFAP.

6.2.2.3 Avaliação do desempenho

Para avaliar o desempenho da abordagem do SEFAP em comparação com as abordagens existentes (*Skyline frequency* e *Skyrank*) com base nos dados do NBA Dataset, utilizamos o indicador DCG (Discounted Cumulative Gain) [Jarvelin el al. 2002], que é frequentemente utilizado como indicador da abordagem do SEFAP.

um indicador de desempenho para resultados de armazenamento.

$$DCG_k = \sum_{i=1}^{k} \frac{rel_i}{log_2(i+1)} \tag{6.1}$$

Sabendo que *o reli* é dado pela seguinte equação :

$$rel_i = \sum_{j=1}^{n} W_i * Q_i \tag{6.2}$$

O valor do indicador DCG é acumulado desde o topo da classificação até à base, com o ganho de cada resultado esperado nas classificações inferiores. Um valor elevado de DCG significa uma elevada qualidade das classificações dos jogadores da NBA Skyline.

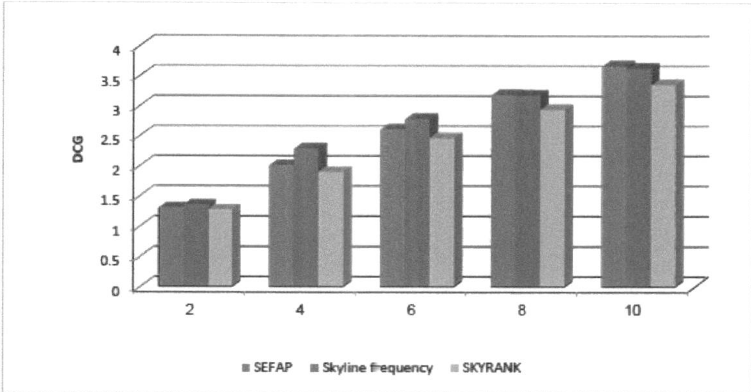

Figura 29. DCG dos 10 melhores jogadores da Skyline na NBA.

A Figura 29 mostra que a abordagem SEFAP obtém valores DCG superiores aos da *frequência Skyline* e *Skyrank* para o top-10. A abordagem *de frequência Skyline* obtém melhores valores para a classificação dos top-04 e top-06. Além disso, o indicador DCG obtido para o SEFAP torna-se mais ëкyë quando o número de jogadores Skyline aumenta.

6.3 Estudo experimental da abordagem IFAHP

Nesta secção, apresentamos um estudo experimental da abordagem IFAHP utilizando a base de dados pública QWS Dataset.

6.3.1 Calcular o Skyline Web Services

Consideramos que os serviços Web na base de dados QWS Dataset oferecem a mesma funcionalidade. Utilizamos oito critérios de QoS: Q1*: tempo de resposta*, Q2: *disponibilidade*, Q3: *débito*, Q4: *sucesso*, Q5: *fiabilidade*, Q6: *conformidade*, Q7: *boas práticas*, Q8: *latência*.

O método Skyline devolve 117 serviços Web Skyline dos 2507 propostos pela base de dados QWS Dataset. Verificamos que o espaço de pesquisa é consideravelmente reduzido, sendo apenas propostos ao utilizador os serviços Web que não são dominados por qualquer outro serviço Web. Notamos que, apesar desta redução no número de serviços Web, continua a ser difícil para o utilizador escolher um serviço de entre os 117 oferecidos.

Uma proposta é calcular os serviços Web Skyline por domínio. Para o domínio SOAP, o resultado do Skyline devolve 55 serviços Web de um total de 464 oferecidos. Para o domínio *Search (Pesquisa)*, o Skyline devolve 23 serviços Web Skyline de um total de 100 oferecidos.

Por último, para o comércio eletrónico, o método Skyline devolve 24 dos 30 serviços oferecidos.

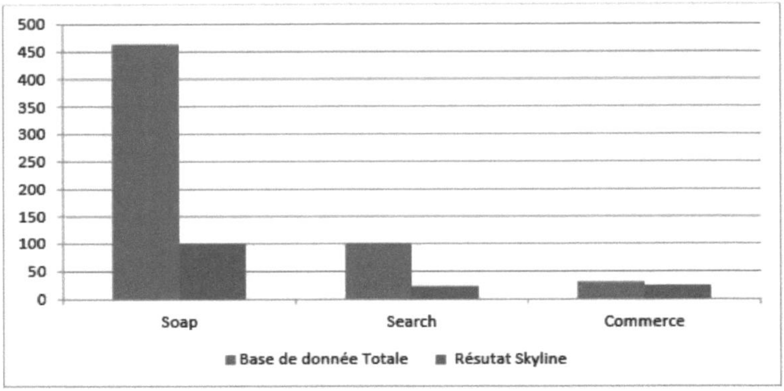

Figura 30. Cálculo dos serviços Web Skyline por domínio.

Outra proposta é segmentar o resultado do Skyline num conjunto de segmentos e oferecer ao utilizador uma pequena lista de serviços Web que representa um resumo de todos os serviços Web Skyline propostos.

6.3.2 Seleção dos serviços Web de k-representativos da linha do horizonte

Nesta ëtape, segmentamos o resultado do Skyline num conjunto de K segmentos (no nosso caso, utilizamos k=10). Cada segmento contém Web Services Skyline que são semelhantes entre si. Calculamos a distância entre cada serviço Web Skyline e o centróide do segmento, de modo a oferecer ao utilizador apenas um serviço Web por segmento, o mais próximo do centróide do segmento.

Os serviços Web k-representativos do Skyline são apresentados no quadro seguinte:

Tabela 29. Serviços Web de k-representativos da linha do horizonte.

Segmento n.º.	Número de serviços	Representantes Skyline
1	8	S447
2	10	S1541
3	7	S20
4	16	S2125
5	14	S1736
6	12	S1295
7	18	S823
8	6	S2104
6	23	S1371
10	3	S236

6.3.3 Ponderação dos critérios de QoS

Para escolher um serviço Web de entre vários serviços Web disponíveis, foi pedido ao utilizador que expressasse as suas prioridades em relação aos critérios de QoS, utilizando termos linguísticos, como ilustrado na Figura 31.

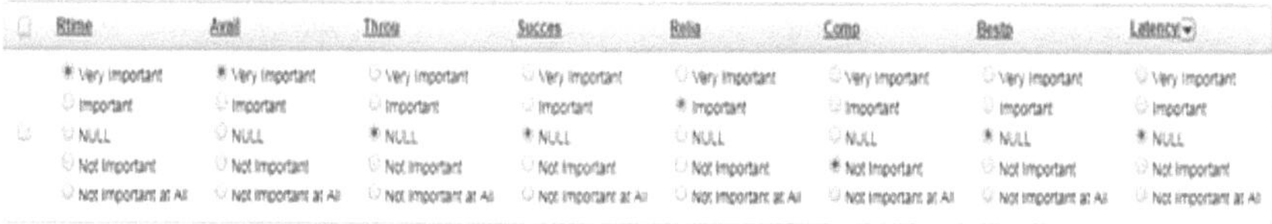

Figura 31. Expressão das prioridades com base em critérios de QoS.

Consideramos que a importância dos critérios de QoS expressos pelo utilizador é dada na tabela 30. Os critérios de QoS são agrupados de acordo com a sua importância, formando-se quatro grupos: *G1 = {Q1, Q2}*, *G2 = {Q3, Q4, Q7, Q8}*, *G3 = {Q5}*, *G4 = {Q6}*.

$$CM = \begin{array}{c} \\ G_1 \\ G_2 \\ G3 \\ G_4 \end{array} \begin{array}{c} \begin{array}{cccc} G_1 & G_2 & G_3 & G_4 \end{array} \\ \begin{bmatrix} 1 & \tilde{5} & \tilde{3} & \tilde{7} \\ \tilde{5}^{-1} & 1 & \tilde{3}^{-1} & \tilde{3} \\ \tilde{3}^{-1} & \tilde{3} & 1 & \tilde{5} \\ \tilde{7}^{-1} & \tilde{3}^{-1} & \tilde{5}^{-1} & 1 \end{bmatrix} \end{array}$$

São calculados os pesos dos critérios; os critérios de QoS que pertencem ao mesmo grupo terão o mesmo peso.

Verificamos que o processo de ponderação dos critérios de QoS exige menos esforço por parte do utilizador. No nosso caso, para oito critérios de QoS, pede-se ao utilizador que expresse as suas prioridades sobre o nível de importância de cada critério premindo termos linguísticos e, como consëquência, os pesos serão calculados diretamente de uma forma simples e intuitiva. Com os métodos AHP convencional e Fuzzy AHP, o utilizador tem de preencher uma matriz de comparação composta por 64 entradas, o que é muito difícil na prática.

Tabela 30. Ponderação dos critérios de QoS.

Critérios de QoS	Q1	Q2	Q3	Q4	Q5	Q6	Q7	Q8
Importância	VI	VI	N	N	I	NI	N	N
Grupos de critérios	G1	G1	G2	G2	G3	G4	G2	G2
Peso	0,28	0,28	0,12	0,12	0,2	0,04	0,12	0,12

6.3.4 Discretização dos dados de QoS

Para calcular os vectores de prioridade dos serviços Web Skyline, utilizamos um algoritmo de discretização para transformar os dados contínuos de QoS em dados discretos. Após as duas fases de normalização e rotulagem, os dados QoS discretizados são apresentados da seguinte forma

Tabela 31. Dados QoS discretos.

	Q1	Q2	Q3	Q4	Q5	Q6	Q7	Q8
A447	VI	NI	VI	N	N	N	VI	I
A1541	I	I	NI	VI	NIA	VI	N	VI
A20	VI	N	NIA	VI	NI	NIA	N	VI
A2125	VI	I	NIA	VI	N	VI	I	NIA
A1736	NIA	I	NI	VI	I	N	VI	I
A1295	VI	NIA	NI	NIA	N	N	I	NI
A823	VI	I	N	VI	NI	NIA	N	VI
A2104	N	NIA	N	NIA	VI	NIA	VI	I
A1371	N	VI	I	VI	N	N	I	VI
A236	VI	N	I	VI	NIA	N	NIA	VI

6.3.5 Geração de matrizes de comparação para cada critério de QoS

Nesta etapa, exploramos os dados de QoS discretizados na etapa anterior, a fim de gerar as oito matrizes de comparação entre os serviços Web Skyline, relativamente a cada critério de QoS. Para o efeito, utilizamos a matriz de dependência (DEP), que expressa a dependência entre cada dois termos linguísticos utilizando números fuzzy triangulares. Por exemplo, para o critério de QoS Q1: *tempo de resposta*, a matriz de comparação entre os serviços Web da Skyline é dada da seguinte forma:

Tableau 32. A matriz de comparação para o critério do tempo de resposta.

Tableau 33.

	S_{447}	S_{1541}	S_{20}	S_{2125}	S_{1736}	S_{1295}	S_{823}	S_{2104}	S_{1371}	S_{236}
S_{447}	1	$\tilde{3}$	1	$\tilde{1}$	$\tilde{9}$	$\tilde{1}$	$\tilde{1}$	$\tilde{5}$	$\tilde{5}$	$\tilde{1}$
S_{1541}	$\tilde{3}^{-1}$	1	$\tilde{3}^{-1}$	$\tilde{3}^{-1}$	7	$\tilde{3}^{-1}$	$\tilde{3}^{-1}$	$\tilde{3}$	$\tilde{3}$	$\tilde{3}^{-1}$
S_{20}	$\tilde{1}^{-1}$	$\tilde{3}$	1	$\tilde{1}$	$\tilde{9}$	$\tilde{1}$	$\tilde{1}$	$\tilde{5}$	$\tilde{5}$	$\tilde{1}$
S_{2125}	$\tilde{1}^{-1}$	$\tilde{3}$	$\tilde{1}^{-1}$	1	$\tilde{9}$	$\tilde{1}$	$\tilde{1}$	$\tilde{5}$	$\tilde{5}$	$\tilde{1}$
S_{1736}	$\tilde{9}^{-1}$	7^{-1}	$\tilde{9}^{-1}$	$\tilde{9}^{-1}$	1	$\tilde{9}^{-1}$	$\tilde{9}^{-1}$	$\tilde{5}^{-1}$	$\tilde{5}^{-1}$	$\tilde{9}^{-1}$
S_{1295}	$\tilde{1}^{-1}$	$\tilde{3}$	$\tilde{1}^{-1}$	$\tilde{1}^{-1}$	$\tilde{9}$	1	$\tilde{1}$	$\tilde{5}$	$\tilde{5}$	$\tilde{1}$
S_{823}	$\tilde{1}^{-1}$	$\tilde{3}$	$\tilde{1}^{-1}$	$\tilde{1}^{-1}$	$\tilde{9}$	$\tilde{1}^{-1}$	1	$\tilde{5}$	$\tilde{5}$	$\tilde{1}$
S_{2104}	$\tilde{5}^{-1}$	$\tilde{3}^{-1}$	$\tilde{5}^{-1}$	$\tilde{5}^{-1}$	$\tilde{5}$	$\tilde{5}^{-1}$	$\tilde{5}^{-1}$	1	$\tilde{5}^{-1}$	$\tilde{5}^{-1}$
S_{1371}	$\tilde{5}^{-1}$	$\tilde{3}^{-1}$	$\tilde{5}^{-1}$	$\tilde{5}^{-1}$	$\tilde{5}$	$\tilde{5}^{-1}$	$\tilde{5}^{-1}$	$\tilde{5}$	1	$\tilde{5}^{-1}$
S_{236}	$\tilde{1}^{-1}$	$\tilde{3}$	$\tilde{1}^{-1}$	$\tilde{1}^{-1}$	$\tilde{9}$	$\tilde{1}^{-1}$	$\tilde{1}^{-1}$	$\tilde{5}$	$\tilde{5}$	1

De seguida, atribuímos o valor 0,5 a a na equação (4.13) e é gerada a matriz a-cut para cada critério de QoS. É gerada a matriz a-cut para o critério *do tempo de resposta* (ver Tabelas 33 e 34).

O indicador de coerência (IC) é calculado da seguinte forma:

$$IC = (\lambda_{max} - N) / (N-1) = (10{,}91 - 10) / (10-1) = 0{,}10.$$

O rácio de consistência (CR) é também :

RC = (IC / ACI) = (0,10 / 1,49) = 0,068.

Verificamos que o rácio de coerência (0,068) é inferior a 0,1.

Tableau 34. A matriz de comparação a-cut para o critério do tempo de resposta.

	S_{447}	S_{1541}	S_{20}	S_{2125}	S_{1736}	S_{1295}	S_{823}	S_{2104}	S_{1371}	S_{236}
S_{447}	1	[2,4]	[1,2]	[1,2]	[8,10]	[1,2]	[1,2]	[4,6]	[4,6]	[1,2]
S_{1541}	[1/4,1/2]	1	[1/4,1/2]	[1/4,1/2]	[6,8]	[1/4,1/2]	[1/4,1/2]	[2,4]	[2,4]	[1/4,1/2]
S_{20}	[1/2,1]	[2,4]	1	[1,2]	[8,10]	[1,2]	[1,2]	[4,6]	[4,6]	[1,2]
S_{2125}	[1/2,1]	[2,4]	[1/2,1]	1	[8,10]	[1,2]	[1,2]	[4,6]	[4,6]	[1,2]
S_{1736}	[1/10,1/8]	[1/8,1/6]	[1/10,1/8]	[1/10,1/8]	1	[1/10,1/8]	[1/10,1/8]	[1/6,1/4]	[1/6,1/4]	[1/10,1/8]
S_{1295}	[1/2,1]	[2,4]	[1/2,1]	[1/2,1]	[8,10]	1	[1,2]	[4,6]	[4,6]	[1,2]
S_{823}	[1/2,1]	[2,4]	[1/2,1]	[1/2,1]	[8,10]	[1/2,1]	1	[4,6]	[4,6]	[1,2]
S_{2104}	[1/6,1/4]	[1/4,1/2]	[1/6,1/4]	[1/2,1]	[4,6]	[1/6,1/4]	[1/6,1/4]	1	[1/6,1/4]	[1/6,1/4]
S_{1371}	[1/6,1/4]	[1/4,1/2]	[1/6,1/4]	[1/2,1]	[4,6]	[1/6,1/4]	[1/6,1/4]	[4,6]	1	[1/6,1/4]
S_{236}	[1/2,1]	[2,4]	[1/2,1]	[1/2,1]	[8,10]	[1/2,1]	[1/2,1]	[4,6]	[4,6]	1

Tableau 35. O vetor de prioridade para o critério de QoS de tempo de resposta.

	S447	S1541	S20	S2125	S1736	S1295	S823	S2104	S1371	S236	Vetor próprio
S447	1	3	1,5	1,5	9	1,5	1,5	5	5	1,5	0,1692
S1541	0,375	1	0,375	0,375	7	0,375	0,375	3	3	0,375	0,0619
S20	0,75	3	1	1,5	9	1,5	1,5	5	5	1,5	0,1570
S2125	0,75	3	0,75	1	9	1,5	1,5	5	5	1,5	0,1461
S1736	0,1125	0,14583	0,1125	0,1125	1	0,1125	0,1125	0,208	0,208	0,1125	0,0125
S1295	0,75	3	0,75	0,75	9	1	1,5	5	5	1,5	0,1363
S823	0,75	3	0,75	0,75	9	0,75	1	5	5	1,5	0,1273
S2104	0,208	0,375	0,208	0,208	5	0,208	0,208	1	0,208	0,208	0,0291
S1371	0,208	0,375	0,208	0,208	5	0,208	0,208	5	1	0,208	0,0416
S236	0,75	3	0,75	0,75	9	0,75	0,75	5	5	1	0,1191

Xmax = 10,91
IC= 0,10
CR= 0,068

Depois de дёпёгег a matriz de comparações e a-cuts entre os serviços Web Skyline para os outros sete critérios de QoS restantes (Q2: *Disponibilidade*, Q3: *Taxa de transferência*, Q4: *Sucesso*, Q5: *Fiabilidade*, Q6: *Conformidade*, Q7: *Boas práticas*, Q8: *Latência*), o vetor de prioridade e a classificação dos serviços Web Skyline representativos de K podem ser dados da seguinte forma:

Tableau 36. Skyline Vectores de prioridade dos serviços Web.

QoS Vectores próprios para cada atributo QoS em relação a cada serviço Web Skyline.

Atributos	Peso	S447	S1541	S20	S2125	S1736	S1295	S823	S2104	S1371	S236	CR<=0,1
RT	0,28	0,1692	0,0619	0,1570	0,1461	0,0125	0,1363	0,1273	0,0291	0,0416	0,1191	0,068
Disponível	0,28	0,0323	0,1464	0,0642	0,1370	0,1284	0,0182	0,1205	0,0168	0,2758	0,0605	0,067
Thr	0,12	0,3110	0,0448	0,0210	0,0193	0,0420	0,0393	0,0912	0,0861	0,1781	0,1672	0,056
Sucata	0,12	0,0342	0,1558	0,1453	0,1359	0,1272	0,0127	0,1321	0,0127	0,1220	0,1220	0,073
Relia	0,20	0,0986	0,0210	0,0585	0,0928	0,1863	0,0769	0,0398	0,3233	0,0829	0,0199	0,080
Complia	0,04	0,0878	0,2848	0,0216	0,2639	0,0828	0,0781	0,0200	0,0184	0,0735	0,0692	0,052
Melhor P	0,12	0,2134	0,0429	0,0402	0,0955	0,1978	0,0899	0,0376	0,1844	0,0845	0,0138	0,054
Latência	0,12	0,0693	0,1777	0,1649	0,0129	0,0625	0,0202	0,1536	0,0612	0,1434	0,1342	0,048
Ifuzzy AHP Pontuação		0,1550	0,1245	0,1191	0,1400	0,1316	0,0812	0,1279	0,1196	0,1718	0,1095	
Classificação		2nd	6th	8th	3rd	4th	10th	5th	7th	1st	9th	

6.3.6 Armazenamento dos serviços Web de K-representativos do horizonte

Depois de calcular os pesos dos critérios de QoS e os vectores de prioridade dos serviços Web Skyline, a pontuação IFAHP (expressão 5.3) é utilizada para classificar os k serviços Web Skyline representativos.

Tableau 37. Armazenamento de serviços Web k-representativos Skyline.

Classificação	1st	2nd	3rd	4.o	5th	6th	7ª	8th	9º	10th
Serviço	S1371	S447	S2125	S1736	S823	S1541	S2104	S20	S236	S1295

6.4 Discussão

A partir das experiências efectuadas com as duas abordagens SkyAP-S3 e SEFAP, verificamos que o seu desempenho depende do desempenho do método PROMETHEE, que é melhorado reduzindo o número de serviços Web a ter em conta durante a fase de classificação. O método Skyline permite eliminar todos os serviços Web dominó e concentrar-se nos melhores serviços Web; no entanto, o método Skyline é mais eficaz com bases de dados corrOlO e indOpendentes do que com bases de dados anti-corrOlO [Borzsonyi et al., 2001].

A ponderação dos critérios de QoS utilizando AHP, Fuzzy AHP e Entropia permite atribuir pesos aos critérios de QoS. O AHP é frequentemente utilizado para ponderar critérios devido à sua simplicidade e à sua capacidade de verificar a coerência das avaliações dos utilizadores. A combinação do Fuzzy AHP com a Entropia tornou possível ter em conta a incerteza na opinião do utilizador e explorar os dados de QoS para calcular os pesos.

A comparação do resultado da classificação da abordagem SEFAP com as abordagens existentes utilizando o indicador DCG mostrou que esta última obtém melhores valores; além disso, o indicador DCG obtido para a SEFAP torna-se mais elevado quando o número de objectos Skyline é maior.

Para a abordagem IFAHP, é mais eficiente para bases de dados anti-corrOlO e indOpendentes, permite controlar o tamanho do resultado devolvido pelo Skyline, utilizando a variante K-reprOsentative Skyline, esta abordagem é muito interessante, porque, devolve uma lista dos serviços Web mais relevantes, que representa um resumo de todo o resultado do Skyline; no entanto, a escolha do valor de K no método da média K representa um fator determinante no número de serviços Web Skyline devolvidos pela abordagem IFAHP.

A nova versão do método Fuzzy AHP explora um algoritmo de discretização para gerir as diferentes matrizes de comparação entre os Skyline Web Services. Esta versão facilita o processo de ponderação dos critérios de QoS e de classificação dos Skyline Web Services, exigindo menos esforço do utilizador, por um lado, e, por outro, explora as vantagens do método Fuzzy AHP, nomeadamente na fase de solicitação das preferências do utilizador. No entanto, a alteração do número de intervalos definidos durante a fase de descrOtização dos dados de QoS pode alterar a lista de Skyline Web Services devolvidos.

6.5 Conclusão

Neste capítulo, descrevemos as várias experiências realizadas para validar as abordagens propostas na nossa investigação. Para o efeito, desenvolvemos um protótipo que suporta várias funcionalidades.

Verificámos que a utilização do mëtodo Skyline reduziu o espaço de pesquisa considëraыlement focando-se em serviços Web relevantes que não são dominados por nenhum outro serviço.

Para a abordagem SkyAP-S3, a utilização do método AHP permitiu ponderar os critérios de QoS de uma forma simples e intuitiva com base na opinião do utilizador. O método PROMETHEE efectuou a classificação parcial e total dos serviços Web Skyline, tendo em conta as preferências do utilizador (pesos dos critérios, limiares de preferência, limiares de indiferença e direcções de preferência); o desempenho do método PROMETHEE foi consideravelmente melhorado ao aplicá-lo a um conjunto de dados reduzido de serviços Web Skyline.

Para a abordagem SEFAP, foram utilizados os dois métodos Fuzzy AHP e Entropia para ponderar os critérios de QoS, tendo em conta a incerteza na opinião dos utilizadores; a comparação do resultado da classificação com as abordagens existentes utilizando o indicador DCG mostrou que este último obtém melhores valores; além disso, o indicador DCG obtido para o SEFAP torna-se mais elevado quando o número de objectos Skyline aumenta.

Para esta última abordagem, o operador Skyline representativo K foi utilizado para controlar o volume de saída Skyline, devolvendo um resumo de toda a saída Skyline; Verificámos também que o processo de ponderação dos critérios de QoS e de ordenação dos serviços Web representativos do Skyline exigia menos esforço por parte do utilizador. Para oito critérios de QoS, é pedido ao utilizador que expresse as suas prioridades quanto ao nível de importância de cada critério utilizando termos linguísticos e, consequentemente, os pesos são calculados diretamente de uma forma simples e intuitiva. Com o método clássico Fuzzy AHP, o utilizador tem de preencher uma matriz de comparação composta por várias entradas, o que é muito difícil na prática, especialmente no domínio da seleção de serviços Web. Por conseguinte, a classificação dos serviços Web dos representantes da Skyline baseou-se em dados de QoS utilizando um algoritmo de discretização.

7 Conclusão geral e perspectivas

7.1 Conclusão geral

Os serviços Web são componentes de software que permitem a interoperabilidade entre sistemas de informação. As normas de descrição e publicação de serviços têm por objetivo fornecer aos consumidores de serviços todas as informações de que necessitam para interagir corretamente. No entanto, as informações oferecidas pelos fornecedores são informações que dizem respeito aos aspectos funcionais dos serviços, tais como entradas e saídas, e às operações oferecidas. Assim, em muitos casos, o utilizador procura os serviços com base noutras informações não funcionais, como o tempo de resposta.

O número de serviços publicados pelos fornecedores de serviços está a aumentar exponencialmente. A maioria destes serviços Web apresenta funcionalidades semelhantes. Escolher o melhor destes serviços é uma tarefa muito difícil para os utilizadores. A qualidade dos serviços, QoS, é um critério decisivo no processo de escolha.

Para selecionar um serviço de entre vários serviços candidatos, que oferecem a mesma funcionalidade mas com qualidade de serviço (QoS) diferente, o utilizador não pode testar todos os serviços candidatos, mas pode basear-se no histórico de invocações anteriores por outros utilizadores. Nos últimos anos, o Skyline surgiu como um novo e popular paradigma para encontrar os serviços Web mais relevantes com base em dados de QoS. Esta é uma direção promissora que reduz o espaço de decisão do utilizador, oferecendo apenas os serviços que não são dominados; no entanto, o Skyline tem algumas desvantagens: i) apresenta resultados incomparáveis, em que o utilizador tem dificuldade em expressar as suas preferências e escolher os serviços relevantes com um melhor compromisso entre os critérios, ii) a Skyline dá a mesma importância a todos os critérios de seleção, quando essa importância difere de um contexto para outro e de um domínio para outro, Por exemplo, nos serviços de pagamento eletrónico, o critério de *segurança* é mais importante do que o *tempo de resposta*, iii) a dimensão do resultado do Skyline não pode ser controlada; de facto, o Skyline pode devolver um número muito grande de serviços, o que torna o processo de seleção muito complicado.

Nesta tese, propusemos várias soluções para este problema: a primeira, designada SkyAP-S3, baseia-se na combinação de vários métodos de apoio à decisão multicritério (MCDM), nomeadamente Skyline, AHP e PROMETHEE: Skyline, AHP e PROMETHEE.

Utilizamos o método Skyline para reduzir o espaço de pesquisa para o utilizador. Em seguida, calculamos os pesos dos critérios de QoS com base no método AHP que oferece a possibilidade de os utilizadores expressarem as suas preferências sob a forma de uma comparação binária entre cada dois critérios de uma forma simples e intuitiva, minimizando o esforço do utilizador e garantindo que os pesos atribuídos aos critérios são consistentes. Na última etapa, propomos utilizar o método PROMETHEE para efetuar uma classificação dos serviços Web Skyline, propondo ao utilizador os serviços que apresentam um bom compromisso entre os critérios de QoS, explorando as relações de outranking e apoiando-se nas diferentes funções de expressão das preferências sobre os critérios, tais como os

indicadores de preferência, os indicadores de indiferença, a direção das preferências e os pesos dos critérios.
A segunda proposta, designada SEFAP, é uma versão melhorada da SkyAP-S3. Trata-se de lidar com a incerteza nas apreciações dos utilizadores ao ponderar os critérios de QoS, utilizando o método objetivo "Entropia" baseado em dados e o método subjetivo "Fuzzy AHP" baseado nas apreciações dos utilizadores.
Na terceira abordagem, propomos uma versão melhorada do método Fuzzy AHP para classificar os serviços Web Skyline, de modo a que as matrizes de comparação entre os critérios de QoS e entre os serviços Web Skyline representativos sejam geradas automaticamente através da exploração de um algoritmo de discretização dos dados de QoS.
Para demonstrar a eficácia destas abordagens, desenvolvemos um protótipo que implementa o cálculo dos pedidos Skyline e permite estabelecer uma classificação dos serviços Web Skyline, tendo em conta as preferências dos utilizadores e os pesos dos critérios de QoS. As experiências são efectuadas com dados reais de QoS e realizámos estudos comparativos com as abordagens existentes. Os resultados mostram que as nossas abordagens selecionam os serviços Web mais relevantes para satisfazer as preferências do utilizador.

7.2 Perspectivas

As abordagens delineadas nesta tese podem ser alargadas em várias direcções:

- A redução do número de critérios de QoS a considerar no processo de seleção de serviços Web pode melhorar significativamente a eficácia do método Skyline, concentrando-se apenas nos critérios de QoS mais relevantes;
- A implementação paralela dos algoritmos propostos, utilizando estruturas de computação paralela como o MapReduce, pode melhorar as abordagens propostas neste trabalho, graças à distribuição dos dados de QoS e à distribuição do processamento (algoritmos de computação Skyline e algoritmos de ordenação de serviços Web Skyline);
- Por sua vez, a arquitetura multicorpos representa uma tecnologia muito interessante que pode ser explorada para reduzir o tempo de cálculo dos pedidos Skyline, adaptando os algoritmos sequenciais existentes para que possam ser executados em paralelo;
- Extensão das abordagens propostas para permitir uma melhor composição dos serviços Web Skyline; o princípio é estudar a possibilidade de integrar as abordagens propostas como um elemento no processo de composição e efetuar comparações com trabalhos semelhantes;
- Com o rápido desenvolvimento da computação em nuvem nos últimos anos, a adaptação do trabalho proposto nesta tese para satisfazer os requisitos dos ambientes de computação em nuvem é uma direção promissora, com implementação em simuladores de nuvem.

Lista de publicações

- **Revisão internacional :**

Ouadah, A., Hadjali, A., Nader, F., et al. (2018). "SEFAP: uma abordagem eficiente para classificar os serviços da Web Skyline". Jornal de Inteligência Ambiental e Computação Humanizada (2018). https://doi.org/10.1007/s12652-018-0721-7, (**Classificado Q1, IF 2017 = 1.588**), Jornal indexado por SCOPUS e Clarivate Analytics (Thomson Reuters).

- **Conferências internacionais :**

Ouadah, A., Benouaret, K., Hadjali, A., & Nader, F. (2015, abril). Combinando métodos de decisão skyline e multicritério para melhorar a seleção de serviços da Web. Em *Programação e Sistemas (ISPS), 2015 12º Simpósio Internacional sobre* (pp. 1-8). IEEE. Doi: 10.1109/ISPS.2015.7244975 ;

Ouadah, A., Benouaret, K., Hadjali, A., & Nader, F. (2015, outubro). Skyap-s3: Uma abordagem híbrida para a seleção eficiente de serviços de linha do horizonte. Em *Computação e Aplicações Orientadas a Serviços (SOCA), 2015 IEEE 8ª Conferência Internacional sobre* (pp. 18-25). IEEE.. doi: 10.1109/SOCA.2015.22 (**Core C**);

Ouadah, A., Hadjali, A., Nader, F., (2018, junho). Uma estrutura baseada em registro de histórico de QoS para seleção de serviços da Web do Skyline K-Representativo. Na *Conferência Internacional do IEEE sobre Serviços da Web (ICWS), 2018*. (**Núcleo A**).

Ouadah A., Hadjali A., Nader F. (2018, outubro). Uma estrutura híbrida de MCDM para seleção eficiente de serviços da Web com base na QoS. *Conferência Internacional sobre Sistemas Inteligentes Aplicados* (ICASS'2018). IEEE, 24-25de novembro de 2018, Mëdëa, Argélia.
10.1109/ICASS.2018.8652037

Ouadah, A., Hadjali, A., Nader, F., & Benouaret, K. (2018, dezembro). Um processo de hierarquia analítica difusa aprimorado para a seleção de serviços da Web do Skyline K-Representativo. No *Simpósio Internacional sobre Modelagem e Implementação de Sistemas Complexos* (pp. 312-328). Springer, Cham. Doi: 10.1007/978-3-030-05481-6 24

[Al-Masri et al. 2007a] Al-Masri, E., & Mahmoud, Q. H. (2007, agosto). Descoberta baseada em Qos e classificação de serviços web. *Em Comunicações e Redes de Computadores, 2007. ICCCN 2007. Actas da 16.ª Conferência Internacional sobre* (pp. 529-534). IEEE.

[Al-Masri et al., 2007b] Al-Masri, E., & Mahmoud, Q. H. (2009, outubro). Descobrindo o melhor serviço web: Uma solução baseada em redes neurais. *Em Systems, Man and Cybernetics, 2009. SMC 2009. Conferência Internacional do IEEE* (pp. 4250-4255). IEEE.

[Al-Masri et al., 2007c] Al-Masri, E., & Mahmoud, Q. H. (2007, maio). Rastreio de múltiplos registos comerciais UDDI. *In Proceedings of the 16th international conference on World Wide Web* (pp. 1255-1256). ACM.

[Alam et al., 2016] Alam, K. A., & Ahmad, R. (2016). Um modelo de decisão multicritério fuzzy híbrido para seleção de serviços em nuvem e grau de importância de serviços componentes em composições de serviços. Em *Modelagem de Incerteza em Engenharia do Conhecimento e Tomada de Decisão: Anais da 12ª Conferência Internacional FLINS* (pp. 334-340).

[Albadvi et al., 2007] Albadvi, A., Chaharsooghi, S. K., & Esfahanipour, A. (2007). Tomada de decisão na negociação de acções: uma aplicação do PROMETHEE. *Jornal Europeu de Investigação Operacional, 177*(2), 673-683.

[Almulla et al., 2011] Almulla, M., Almatori, K., & Yahyaoui, H. (2011, julho). Um modelo fuzzy baseado em qos para classificar serviços web do mundo real. *Em Web Services (ICWS), 2011 IEEE International Conference on* (pp. 203-210). IEEE.

[Almulla et al., 2015] Almulla M, Yahyaoui H, Al-Matori K (2015) Uma nova técnica híbrida difusa para classificar serviços Web do mundo real. *KnowlBased Syst* 77:1-15.

[Alrifai et al., 2009] Alrifai, M., & Risse, T. (2009, abril). Combinando a otimização global com a seleção local para uma composição eficiente de serviços sensíveis à QoS. Em *Proceedings of the 18th international conference on World wide Web* (pp. 881-890). ACM.

[Alrifai et al., 2010] Alrifai, M., Skoutas, D., & Risse, T. (2010, abril). Seleção de serviços Skyline para composição de serviços Web baseada em QoS. *Em Proceedings of the 19th international conference on World Wide Web* (pp. 11-20). ACM.

[Arsanjani 2004] Arsanjani, A. (2004). Modelação e arquitetura orientadas para os serviços. *IBM developer works*, 1, 15.

[Ayadi 2010] Ayadi, D. (2010). Optimisation multicritere de la fiabilit^: application du modele de goal programming avec les fonctions de satisfactions dans l'industrie de traitement de gaz (Doctoral dissertation, Universite d'Angers).

[Balali et al., 2014] Balali, V., Zahraie, B., & Roozbahani, A. (2014). Uma comparação dos métodos de tomada de decisão da família AHP e PROMETHEE para a seleção do sistema estrutural do edifício. *American Journal of Civil Engineering and Architecture*, 2(5), 149-159.

[Barrios et al., 2016] Barrios, M. A. O., De Felice, F., Negrete, K. P., Romero, B. A., Arenas, A. Y., & Petrillo, A. (2016). Um modelo integrado AHP-Topsis para selecionar o equipamento de tomografia mais adequado. *Revista Internacional de Tecnologia da Informação e Tomada de Decisão*, 15(04), 861-885.

[Beckmann et al., 1990] Beckmann, N., Kriegel, H. P., Schneider, R., & Seeger, B. (1990, maio). A árvore R*: um método de acesso eficiente e robusto para pontos e rectângulos. Em *Acm Sigmod Record* (Vol. 19, No. 2, pp. 322-331). Acm.

[Behzadian et al., 2010] Behzadian, M., Kazemzadeh, R. B., Albadvi, A., & Aghdasi, M.

(2010). PROMETHEE: Uma revisão abrangente da literatura sobre metodologias e aplicações. *Revista Europeia de Investigação Operacional*, *200*(1), 198-215.

[Bellwood et al., 2002] Bellwood, T., Cement, L., Ehnebuske, D., Hately, A., Hondo, M., Husband, Y. L., ... & von Riegen, C. (2002). UDDI Versão 3.0. *Especificação publicada, Oasis*, *5*, 16-18.

[Ben Halima 2009] Riadh BEN HALIMA. "Conceção, implementação e experimentação de uma arquitetura de barramento para Tauto-reparação de aplicações distribuídas baseadas em serviços" . 2009. Tese de doutoramento. Universidade de Toulouse III - Paul Sabatier e a Faculdade de Ciências Económicas e de Gestão - Sfax.

[Benouaret et al., 2011] Benouaret, K., Benslimane, D., & Hadjali, A. (2011, julho). On the use of fuzzy dominance for computing service skyline based on qos. Em *2011 IEEE International Conference on Web Services* (pp. 540-547). IEEE.

[Benouaret 2012] Benouaret, K. (2012). *Técnicas avançadas para a otimização de consultas de serviços Web* (Tese de doutoramento, Universite Claude Bernard-Lyon I).

[Benouaret et al., 2012a] Benouaret, K., Benslimane, D., & Hadjali, A. (2012, junho). Ws-sky: Uma estrutura eficiente e flexível para a seleção de serviços web com reconhecimento de qos. Em *Computação de Serviços (SCC), 2012 IEEE Nona Conferência Internacional sobre* (pp. 146-153). IEEE.

[Benouaret et al., 2012b] Benouaret, K., Benslimane, D., & Hadjali, A. (2012, junho). Seleção de serviços web skyline para preferências de múltiplos utilizadores. Em *Web Services (ICWS), 2012 IEEE 19th International Conference on* (pp. 635-636). IEEE.

[Benouaret et al., 2012c] Benouaret, K., Sacharidis, D., Benslimane, D., & Hadjali, A. (2012, novembro). Seleção de serviços Web baseada em regras de maioria. Na *Conferência Internacional sobre Engenharia de Sistemas de Informação na Web* (pp. 689-695). Springer, Berlim, Heidelberg.

[Benouaret et al., 2012d] Benouaret, K., Benslimane, D., & Hadjali, A. (2012, junho). Seleção de serviços Web skyline a partir de qos incertos. Em *Computação de Serviços (SCC), 2012 IEEE Nona Conferência Internacional sobre* (pp. 523-530). IEEE.

[Booth et al., 2004] Booth, D. Haas, H. McCabe, F. Newcomer, E. Champion, M. Ferris, C. Orchard, D. (2004). Grupo de Arquitetura de Serviços Web do W3C, Arquitetura de Serviços Web. : W3C- WSA-Group, http://www.w3.org/TR/ws-arch.

[Bouanaka et al., 2013] Bouanaka, M. A., & Zarour, N. (2013). Uma abordagem para uma seleção optimizada de serviços Web baseada na linha do horizonte.*International Journal of Computer Science Issues (IJCSI)*, *10* (1), 412.

[Brans et al., 1986] Brans, J. P., Vincke, P., & Mareschal, B. (1986). Como selecionar e como classificar projectos: O método PROMETHEE. *Revista Europeia de Investigação Operacional*, 24(2), 228-238.

[Brans et al., 1994] Brans, J. P., & Mareschal, B. (1994). O sistema de apoio à decisão PROMCALC & GAIA para ajuda à decisão multicritério. *Decision support systems*, *12*(4-5), 297-310.

[Brans et al., 2005] Brans, J. P., & Mareschal, B. (2005). Métodos PROMETHEE. *InMultiple criteria decision analysis: state of the art surveys* (pp. 163-186). Springer, Nova Iorque, NY.

[Bray et al., 2006] Bray, T., Paoli, J., Sperberg-McQueen, C. M., Maler, E., & Yergeau, F. (1997). Extensible markup language (XML). *World Wide Web Journal*, *2*(4), 27-66. http://www.w3.org/TR/xml11.

[Borzsonyi et al., 2001] Borzsony, S., Kossmann, D., & Stocker, K. (2001). O operador

skyline. Em *Data Engineering, 2001. Proceedings. 17ª Conferência Internacional sobre* (pp. 421430). IEEE.
[Box et al., 2000] Box, D., Ehnebuske, D., Kakivaya, G., Layman, A., Mendelsohn, N., Nielsen, H. F., ... & Winer, D. (2000). Protocolo simples de acesso a objectos (SOAP) 1.1.
[Buyukozkan et al., 2012] Buyukozkan, G., & Qifgi, G. (2012). Uma análise estratégica combinada de AHP fuzzy e TOPSIS fuzzy baseada na qualidade do serviço eletrónico na indústria da saúde. *Expert Systems with Applications*,39(3), 2341-2354.
[Buckley 1985] Buckley JJ (1985) Fuzzy hierarchical analysis. *Fuzzy Sets Syst* 17(3):233-247.
[Chakhar et al., 2011] Chakhar, S., Youcef, S., Mousseau, V., Mokdad, L., & Haddad, S. (2011). Quadro concetual baseado em avaliação multicritério para a seleção de serviços Web compostos. *Lamsade, Universidade Paris Dauphine, França, Relatório de Investigação.*
[Chan et al., 2006] Chan, C. Y., Jagadish, H. V., Tan, K. L., Tung, A. K., & Zhang, Z. (2006, junho). Encontrando skylines k-dominantes em espaço de alta dimensão. In *Proceedings of the 2006ACM SIGMOD international conference on Management of data* (pp. 503-514). ACM.
[Chan et al., 2006] Chan, C. Y., Jagadish, H. V., Tan, K. L., Tung, A. K., & Zhang, Z. (2006, março). On high dimensional skylines. Em *International Conference on Extending Database Technology* (pp. 478-495). Springer, Berlim, Heidelberg.
[Chang 1996] Chang, D. Y. (1996). Aplicações do método de análise de extensão no fuzzy AHP. *Jornal Europeu de Investigação Operacional*, 95, 649-655.
[Chen et al., 2010] Chen, L., Wu, J., Deng, S., & Li, Y. (2010, julho). Service recommendation: Similarity-based representative skyline. *InServices (SERVICES-1), 2010 6th World Congress on* (pp. 360-366). IEEE.
[Christensen et al., 2001] Christensen, E., Curbera, F., Meredith, G., & Weerawarana, S. (2001).
Linguagem de descrição de serviços Web (WSDL) 1.1.W3C, http://www.w3.org/TR/wsdl.
[Curbera et al., 2002] Curbera, F., Duftler, M., Khalaf, R., Nagy, W., Mukhi, N., & Weerawarana, S. (2002). Unraveling the Web services web: an introduction to SOAP, WSDL, and UDDI. *IEEE Internet computing*, *6*(2), 86-93.
[Dai et al., 2013] Dai, G., & Qingsheng, Z. (2013). Usando skyline e relação de dominância para serviços de classificação na web. *Jornal de Sistemas de Informação Computacional*, *9*(10), 39773984.
[Dougherty et al., 1995] Dougherty, J., Kohavi, R., & Sahami, M. (1995, julho). Discretização supervisionada e não supervisionada de caraterísticas contínuas. Em *Machine learning: proceedings of the twelfth international conference* (Vol. 12, pp. 194-202).
[Ennaceur 2015] Ennaceur, A. (2015). *Novos métodos AHP para o tratamento da incerteza no âmbito da Teoria da Função Crença* (Dissertação de Doutoramento, Artois).
[Erl 2004] Erl, T. (2004). Service-oriented architecture: a field guide to integrating XML and Web services. Prentice Hall.
[Feder et al., 1988] Feder, T., & Greene, D. (1988, janeiro). Optimal algorithms for approximate clustering. Em *Proceedings of the twentieth annual ACM symposium on Theory of computing* (pp. 434-444). ACM.
[Fielding et al., 2000] Fielding, R. T., & Taylor, R. N. (2000). *Architectural styles and the design of network-based software architectures* (Vol. 7). Tese de doutoramento: Universidade da Califórnia, Irvine.
[Flajolet et al., 1985] Flajolet, P., & Martin, G. N. (1985). Algoritmos de contagem

probabilística para aplicações em bases de dacos. *Journal of computer and system sciences, 31*(2), 182-209.

[Garcia et al., 2013] Garcia, S., Luengo, J., Saez, J. A., Lopez, V., & Herrera, F. (2013). Um levantamento de técnicas de discretização: Taxonomia e análise empírica na aprendizagem supervisionada. *IEEE Transactions on Knowledge and Data Engineering,* 25(4), 734-750.

[Godse et al., 2008] Godse M, Sonar R, Mulik S (2008) The analytical hierarchy process approach for prioritizing features in the selection of Web service. In: Web services. ECOWS'08. Sexta conferência europeia do IEEE, IEEE, pp 41-50.

[Goldberg 1988] Goldberg, D. E., & Holland, J. H. (1988). Genetic algorithms and machine learning. Machine learning, 3(2), 95-99.

[Gottschalk 2000] Gottschalk, K. (2000) Web Services architecture overview. *Livro branco da IBM, IBM developerWorks, 1.*

[Gwyduk et al., 2006] Yeom, G., Yun, T., & Min, D. (2006, abril). Um modelo de QoS e um mecanismo de teste para a seleção de serviços Web orientados para a qualidade. Em *Software Technologies for Future Embedded and Ubiquitous Systems, 2006 e o Segundo Workshop Internacional de 2006 sobre Computação Colaborativa, Integração e Garantia. SEUS 2006/WCCIA 2006. The Fourth IEEE Workshop on* (pp. 6-pp). IEEE.

[Gudgin et al 2003] Gudgin, M., Hadley, M., Mendelsohn, N., Moreau, J. J., Nielsen, H. F., Karmarkar, A., & Lafon, Y. (2003). Protocolo simples de acesso a objectos (SOAP) 1.2. *World Wide Web Consortium.*

[Halfaoui 2017] Halfaoui bpouse Ghernaout, A (2017). *La sélection des services Web dans une composition a base de criteres non fonctionnels* (Doctoral dissertation, 19/03/2017), Universitb de Tlemcen.

[Halfaoui et al., 2015] Halfaoui, A., Hadjila, F., & Didi, F. (2015, maio). Seleção de serviços Web Qos-aware baseada em dominância fuzzy. Na *Conferência Internacional IFIP sobre Ciência da Computação e suas Aplicações_x000D_* (pp. 291-300) Springer, Cham.

[He et al., 2017] He, Q., Zhou, R., Zhang, X., Wang, Y., Ye, D., Chen, F., ... & Yang, Y. (2017). Pesquisa de palavras-chave para a construção de sistemas baseados em serviços. *IEEE Transactions on Software Engineering,* 43(7), 658-674.

[Herssens et al., 2008] Herssens, C., Jureta, I. J. & Faulkner, S. (2008, junho). Dealing with quality tradeoffs during service selection. Na *Conferência Internacional de 2008 sobre Computação Autónoma* (pp. 77-86). IEEE.

[Hjaltason et al., 1999] Hjaltason, G. R., & Samet, H. (1999). Distance browsing in spatial databases. *ACM Transactions on Database Systems (TODS*), *24*(2), 265-318.

[Hyde et al., 2003] Hyde, K., Maier, H. R., & Colby, C. (2003). Incorporação da incerteza no método PROMETHEE MCDA. *Journal of Multi-Criteria Decision Analysis,* 12(4-5), 245259.

[Hwang et al., 1981] Hwang, C. L., & Yoon, K. (1981). Methods for multiple attribute decision making. Em *Multiple attribute decision making* (pp. 58-191). Springer, Berlim, Heidelberg.

[Jain 2010] Jain, A. K. (2010). Data clustering: 50 anos para além do K-means. *Pattern recognition letters,* 31(8).

[Jarvelin et al., 2012] Jarvelin, K., & Kekalainen, J. (2002). Cumulated gain-based evaluation of IR techniques (Avaliação baseada em ganhos acumulados de técnicas de RI). *ACM Transactions on Information Systems* (TOIS), 20(4), 422-446.

[Kangas et al., 2001] Kangas, A., Kangas, J., & Pykalainen, J. (2001). Outranking methods as

tools in strategic natural resources planning.
[Karim et al., 2011] Karim, R., Ding, C., & Chi, C. H. (2011, julho). Um modelo PROMETHEE melhorado para seleção de serviços Web baseados em QoS. Em *Computação de Serviços (SCC), 2011 IEEE International Conference on* (pp. 536-543). IEEE.
[Kangchan et al., 2003] Lee, K., Jeon, J., Lee, W., Jeong, S. H., & Park, S. W. (2003). Qos for web services: Requirements and possible approaches. *Nota do grupo de trabalho do W3C, 25*(3), 1-9.
[Kaya et al., 2011] Kaya, T., & Kahraman, C. (2011). A fuzzy approach to e-banking Website quality assessment based on an integrated AHP-ELECTRE method. *Desenvolvimento Tecnológico e Económico da Economia*, 17(2), 313-334
[Kritikos et al., 2009] Kritikos, K., & Plexousakis, D. (2009). Mixed-integer programming for QoS-based web service matchmaking. *IEEE Transactions on Services Computing*, *2*(2), 122139.
[Kossmann et al., 2002] Kossmann, D., Ramsak, F., & Rost, S. (2002, agosto). Shooting stars in the sky: An online algorithm for skyline queries. Em *Proceedings of the 28th international conference on Very Large Data Bases* (pp. 275-286). VLDB Endowment.
[Kumar et al., 2016] Kumar, S., & Purohit, L. (2016, dezembro). Explorando k-means clustering e skyline para seleção de serviços da Web. *InIndustrial and Information Systems (ICIIS), 2016 11th International Conference on* (pp. 603-607). IEEE.
[Kumar et al., 2017] Kumar, R. R., Mishra, S., & Kumar, C. (2017). Priorizando a solução de seleção de serviços em nuvem usando métodos MCDM integrados em ambiente Fuzzy. *The Journal of Supercomputing*, *73*(11), 4652-4682.
[Kumar et al., 2018] Kumar, R. R., & Kumar, C. (2018). Um método de tomada de decisão multicritério para seleção e classificação de serviços em nuvem.*International Journal of Ambient Computing and Intelligence (IJACI)*, *9* (3), 1-14.
[Kung et al., 1975] Kung, H. T., Luccio, F., & Preparata, F. P. (1975). On finding the maxima of a set of vectors. *Journal of the ACM (JACM)*, *22*(4), 469-476.
[Kwong et al., 2002] Kwong, C. K., & Bai, H. (2002). Uma abordagem fuzzy AHP para a determinação dos pesos de importância dos requisitos dos clientes na implementação da função qualidade. *Journal of intelligent manufacturing*, 13(5), 367-377.
[Lahby 2013] Lahby, M. (2013). *Optimisation et évaluation des performances des communications mobiles dans un environnement reseaux multi-acces* (Doctoral dissertation, Universite Hassan II Mohammedia-Casablanca).
[Laarhoven et al., 1983] Laarhoven Van PJM, Pedrycz W (1983) A fuzzy extension of Saaty's priority theory. *Fuzzy Sets Syst* 11(1-3):229-241.
[Legner 2007] Legner, C. (2007, setembro). Existe um mercado para serviços web? Na *Conferência Internacional sobre Computação Orientada a Serviços* (pp. 29-42). Springer, Berlim, Heidelberg.
[Lin et al., 2007] Lin, X., Yuan, Y., Zhang, Q., & Zhang, Y. (2007, abril). Seleção de estrelas: O operador k mais representativo da linha do horizonte. Em *Engenharia de Dados, 2007. ICDE 2007. 23ª Conferência Internacional do IEEE* (pp. 86-95). IEEE. doi:10.1109/ICDE.2007.367854
[Lin et al., 2016] Lin, C. L., Shih, Y. H., Tzeng, G. H., & Yu, H. C. (2016). Um modelo de seleção de serviços para plataformas de serviços de música digital usando uma abordagem MCDM híbrida. *Applied Soft Computing*, *48*, 385-403.
[Liu et al., 2017] Liu, F., Peng, Y., Zhang, W., & Pedrycz, W. (2017). Sobre a consistência

em AHP e Fuzzy AHP. *Jornal de Ciência e Informação de Sistemas*, *5*(2), 128-147.

[Lopez-velasco 2008] Lopez-Velasco, C. (2008). *Seleção e composição de serviços Web para a geração de aplicações conscientes do contexto* (Tese de doutoramento, Universite Joseph-Fourier-Grenoble I).

[Ma et al., 2013] Ma, Y., Wang, S., Sun, Q., Zou, H., & Yang, F. (2013, junho). Medida de qos de serviços web baseada em peso subjetivo e objetivo. Em *Computação de Serviços (SCC), 2013 IEEE International Conference on* (pp. 543-550). IEEE.

[Macharis et al., 2004] Macharis, C., Springael, J., De Brucker, K., & Verbeke, A. (2004). PROMETHEE e AHP: A conceção de sinergias operacionais na análise multicritério: Reforçar o PROMETHEE com ideias do AHP. *Jornal Europeu de Investigação Operacional*, 153(2), 307-317

[MacKenzie et al., 2006] MacKenzie, C. M., Laskey, K., McCabe, F., Brown, P. F., Metz, R., & Hamilton, B. A. (2006). Reference model for service oriented architecture 1.0. *Norma OASIS*, 12, 18.

[Mani et al., 2002] Mani, A., & Nagarajan, A. (2005). Understanding quality of service for Web services. *IBM developerWorks*.

[Marin 2008] Marin, C. (2008). *Uma abordagem de domínio orientado para a composição de serviços* (Tese de doutoramento, Grenoble 1).

[Marinoni 2006] Marinoni, O. (2006). A discussion on the computational limitations of outranking methods for land-use suitability assessment. *Revista Internacional de Ciência da Informação Geográfica*, 20(1), 69-87.

[McLain el al., 1974] McLain, D. H. (1974). Desenhar contornos a partir de pontos de dados arbitrários. *The Computer Journal*, *17*(4), 318-324.

[Mitra et al,. 2007] Mitra, N., & Lafon, Y. (2003). Soap version 1.2 part 0: Primer.*W3C recommendation*, *24*, 12.

[Mohammadshahi et al., 2013] Mohammadshahi, Y. (2013). Um levantamento do estado da arte sobre aplicações TQM usando técnicas MCDM. *Decision Science Letters*, *2*(3), 125-134.

[Nacer et al., 2015] Nacer, A. A., Bessai, K., Youcef, S., & Godart, C. (2015, junho). Uma abordagem baseada em multicritérios para seleção de serviços Web usando qualidade de serviço (qos). Em *Computação de Serviços (SCC), 2015 IEEE International Conference on* (pp. 570-577). IEEE.

[Nefeslioglu et al., 2013] Nefeslioglu, H. A., Sezer, E. A., Gokceoglu, C., & Ayas, Z. (2013). Uma abordagem de processo de hierarquia analítica modificada (M-AHP) para sistemas de apoio à decisão em avaliações de riscos naturais.*Computers & Geosciences,* 59, 1-8.

[Onut et al., 2008] Onut, S., Kara, S. S., & Efendigil, T. (2008). A hybrid fuzzy MCDM approach to machine tool selection. *Journal of intelligent manufacturing*, 19(4), 443-453.

[Ouadah et al., 2015a] Ouadah, A., Benouaret, K., Hadjali, A., & Nader, F. (2015, abril). Combinando skyline e métodos de decisão multi-critério para melhorar a seleção de serviços Web. Em *Programação e Sistemas (ISPS), 2015 12º Simpósio Internacional sobre* (pp. 1-8). IEEE.

[Ouadah et al., 2015b] Ouadah, A., Benouaret, K., Hadjali, A., & Nader, F. (2015, outubro). Skyap-s3: Uma abordagem híbrida para a seleção eficiente de serviços skyline. Em *Service-Oriented Computing and Applications (SOCA), 2015 IEEE 8th International Conference on* (pp. 18-25). IEEE.

[Ouadah et al., 2018a] Ouadah, A., Hadjali, A., Nader, F. et al. (2018). SEFAP: uma abordagem eficiente para classificar os serviços da Web do Skyline. *J Ambient Intell Human*

Comput (2018).
[Ouadah et al., 2018b] Ouadah, A., Hadjali, A., Nader, F., (2018, junho). Uma estrutura baseada no registro do histórico de QoS para a seleção de serviços da Web do Skyline K-Representativo. Na *Conferência Internacional do IEEE sobre Serviços da Web (ICWS), 2018.*
[Ouadah et al., 2018c] Ouadah A., Hadjali A., Nader F. (2018) "Uma estrutura híbrida de MCDM para uma seleção eficiente de serviços Web com base na QoS", *Conferência Internacional sobre Sistemas Inteligentes Aplicados* (ICASS'2018). IEEE, 24-25 de novembro de 2018, Mëdëa, Argélia.
[Ouadah et al., 2018d] Ouadah, A., Hadjali, A., Nader, F., & Benouaret, K. (2018, dezembro). Um processo de hierarquia analítica difusa aprimorado para a seleção de serviços da Web do Skyline K-Representativo. No *Simpósio Internacional sobre Modelagem e Implementação de Sistemas Complexos* (pp. 312-328). Springer, Cham.
[Papadias et al., 2003] Papadias, D., Tao, Y., Fu, G., & Seeger, B. (2003, junho). Um algoritmo ótimo e progressivo para consultas de linhas do horizonte. *InProceedings of the 2003 ACM SIGMOD international conference on Management of data* (pp. 467-478). ACM.
[Papadias et al., 2005] Papadias, D., Tao, Y., Fu, G., & Seeger, B. (2005). Progressive skyline computation in database systems. *ACM Transactions on Database Systems (TODS*), *30*(1), 4182.
[Papazoglou 2003] Papazoglou, M. P. (2003, dezembro). Service-oriented computing: Concepts, characteristics and diretions. Em *Web Information Systems Engineering*, 2003. WISE 2003. Actas da Quarta Conferência Internacional sobre (pp. 3-12). IEEE.
[Papazoglou el al., 2004] Papazoglou, M. P., & Dubray, J. J. (2004). *A survey of web service technologies*. Universidade de Trento.
[Papazoglou el al., 2007] Papazoglou, M. P., & Van Den Heuvel, W. J. (2007). Service oriented architectures: approaches, technologies and research issues. *The VLDB journal*, 16(3), 389-415.
[Peng et al., 2013] Peng, A. H., & Xiao, X. M. (2013). Seleção de materiais usando PROMETHEE combinado com processo de rede analítica em ambiente híbrido. *Materials & Design*, *47*, 643-652.
[Preparata et al., 1985] Preparata, F. P., & Shamos, M. I. (1985). *Computational geometry: an introduction*. Springer Science & Business Media.
[Ran 2003] Ran, S. (2003). Um modelo para a descoberta de serviços Web com QoS. *ACM Sigecom exchanges*, *4* (1), 1-10.
[Rehman et al., 2012] Rehman ur, Z., Hussain, O. K., & Hussain, F. K. (2012, setembro). Seleção de nuvem Iaas usando métodos MCDM. Em *2012 IEEE Nona conferência internacional sobre engenharia de ebusiness* (pp. 246-251). IEEE.
[Rehman et al., 2014] Rehman urZ, Hussain OK, Hussain FK (2014). Seleção e classificação de serviços em nuvem paralela com base no histórico de QoS. *Int J Parallel Prog* 42(5):820-852
[Robertson et al., 1999] Robertson, S., & Robertson, J. (2012). *Mastering the requirements process: Getting requirements right*. Addison-wesley.
[Roy 1968] Roy, B. (1968). Classification and choice in the presence of multiple points of view. *Revista Francesa de Informática e Investigação Operacional*, *2*(8), 57-75.
[Roy at al., 2003] Roy, B., Figueira, J. R., & Almeida-Dias, J. (2014). Limiares discriminantes como ferramenta para lidar com o conhecimento imperfeito no auxílio à decisão por múltiplos critérios: resultados teóricos e questões práticas. *Omega*, *43*, 9-20.

[Saaty 1987] Saaty, R. W. (1987). The analytic hierarchy process-what it is and how it is used. *Mathematical modelling*, *9*(3-5), 161-176.

[Saaty 1996] Saaty, T. (1996). Tomada de decisões com dependência e feedback: O processo de rede analítica. *Publicações RWS.*

[Serrai et al., 2016] Serrai W, Abdelli A, Mokdad L, Hammal Y (2016). Uma abordagem eficiente para a seleção de serviços Web. *Comput Commun (ISCC), simpósio IEEE 2016*, IEEE, pp 167172.

[Serrai et al., 2017] Serrai, W., Abdelli, A., Mokdad, L., & Hammal, Y. (2017). Rumo a uma seleção de serviços web eficiente e mais precisa usando métodos MCDM. *Jornal de ciência computacional*, *22*, 253-267.

[Seo et al., 2004] Seo, Y. J., Jeong, H. Y., & Song, Y. J. (2004, dezembro). Um estudo sobre o método de seleção de serviços Web baseado na negociação através do corretor de qualidade: Uma abordagem baseada em maut. Na *Conferência Internacional sobre Software e Sistemas Incorporados* (pp. 65-73). Springer, Berlim, Heidelberg.

[Seo et al., 2005] Seo, Y. J., Jeong, H. Y., & Song, Y. J. (2005, dezembro). Seleção do melhor serviço web com base na tomada de decisão entre critérios de QoS do serviço. Na *Conferência Internacional sobre Software e Sistemas Incorporados* (pp. 408-419). Springer, Berlim, Heidelberg.

[Shannon 1948] Shannon, C. E. (1948). A mathematical theory of communication (Uma teoria matemática da comunicação). *Bell system technical journal*, *27*(3), 379-423.

[Shao et al., 2007] Shao, L., Zhang, J., Wei, Y., Zhao, J., Xie, B., & Mei, H. (2007, julho). Previsão personalizada de qos para serviços web através de filtragem colaborativa. Em *Web Services, 2007. ICWS 2007. Conferência Internacional do IEEE* (pp. 439-446). IEEE.

[Silas et al., 2012] Silas, S., Rajsingh, E. B., & Ezra, K. (2012). Efficient service selection middleware using ELECTRE methodology for cloud environments. *Revista de Tecnologia da Informação*, *11*(7), 868.

[Skoutas et al., 2010] Skoutas, D., Sacharidis, D., Simitsis, A., & Sellis, T. (2010). Ranking and clustering Web services using multicriteria dominance relationships. *IEEE Transactions on Services Computing*, (3), 163-177.

[Sun et al., 2014] Sun L, Dong H, Hussain FK, Hussain OK, Ma J, Zhang Y (2014). Uma estrutura fuzzy híbrida para a seleção de serviços em nuvem. Em: *Serviços Web (ICWS), conferência internacional IEEE 2014*, IEEE, pp 313-320.

[Sun et al., 2016] Sun, R., Zhang, B., & Liu, T. (2016, maio). Classificando o serviço da web para alta qualidade, aplicando o método Entropy-TOPSIS aprimorado. Em *Engenharia de Software, Inteligência Artificial, Redes e Computação Paralela/Distribuída (SNPD), 2016 17th IEEE/ACIS International Conference on* (pp. 249-254). IEEE.

[Tan et al., 2001] Tan, K. L., Eng, P. K., & Ooi B. C. (2001, setembro). Efficient progressive skyline computation. Em *VLDB* (Vol. 1, pp. 301-310).

[Tang 2009] Tang, Y. C. (2009). Uma abordagem à afetação orçamental para uma empresa aeroespacial - Processo de hierarquia analítica difusa e rede neural artificial. *Neurocomputação*, *72* (16-18), 3477-3489.

[Tao et al., 2009] Tao, Y., Ding, L., Lin, X., & Pei, J. (2009, março). Skyline representativo baseado em distância. Em Engenharia de dados, 2009. ICDE'09. IEEE 25th International Conference on (pp. 892-903). IEEE. doi: https://doi.org/10.1109/ICDE.2009.84.

[Thio at al., 2005] Thio, N., & Karunasekera, S. (2005, março). Medição automática de uma métrica qos para recomendação de serviços web. Na *Conferência de Engenharia de Software,*

2005. Proceedings. 2005 Australian (pp. 202-211). IEEE.
[Tiakas et al., 2007] Tiakas, E., Papadopoulos, A. N., & Manolopoulos, Y. (2007). Top-k Dominating Queries.
[Vlachou et al., 2010] Vlachou, A., & Vazirgiannis, M. (2010). Ranking the sky: Discovering the importance of skyline points through subspace dominance relationships [Classificação do céu: descobrindo a importância dos pontos da linha do horizonte através de relações de dominância de subespaço]. *Data & Knowledge Engineering*, 69(9), 943-964.
[Vesyropoulos et al., 2015] Vesyropoulos, N., & Georgiadis, C. K. (2015). Filtros baseados em QoS em composições de serviços da Web: Utilizando métodos de análise de decisão multicritério. *Journal of Multi-Criteria Decision Analysis*, 22(5-6), 279-292.
[Vincke 1992] Vincke, P. (1992). *Multicriteria decision-aid*. John Wiley & Sons.
[Vogel et al., 1995] Vogel, A., Kerherve, B., von Bochmann, G., & Gecsei, J. (1995). Distributed multimedia and QoS: A survey. *IEEE multimedia,2*(2), 10-19.
[Wang et al., 2007] Wang, J. J., & Yang, D. L. (2007). Utilização de um método híbrido de ajuda à decisão multicritério para a externalização de sistemas de informação. *Computers & Operations Research*, 34(12), 3691-3700.
[Whaiduzzaman at al., 2014] Whaiduzzaman, M., Gani, A., Anuar, N. B., Shiraz, M., Haque, M. N., & Haque, I. T. (2014). Seleção de serviços em nuvem usando análise de decisão multicritério. *The Scientific World Journal,2014*.
[Wang et al., 2008] Wang, T. C., & Chen, Y. H. (2008). Aplicação de relações de preferência linguísticas difusas para melhorar a consistência do AHP difuso. *Ciências da Informação*, 178(19), 3755-3765.
[Weider et al., 2007] Weider, Y. W. D., Radhakrishna, R. B., Pingali, S., & Kolluri, V. (2007). Modelação das medições dos requisitos de QoS em sistemas de serviços Web. *Simulation*, *83* (1), 75-91.
[Weyuker et al., 2002] Weyuker, E. J., & Avritzer, A. (2002). A metric to predict software scalability. Em *Software metrics, 2002. proceedings. eighth ieee symposium on* (pp. 152-158). IEEE.
[Xiong et al., 2007] Xiong, P., & Fan, Y. (2007, agosto). Seleção de serviços web com conhecimento de Qos através de um peso sintético. Em *Fuzzy Systems and Knowledge Discovery, 2007. FSKD 2007. Fourth International Conference on* (Vol. 3, pp. 632-637). IEEE.
[Yiu et al., 2007] Yiu, M. L., & Mamoulis, N. (2007, setembro). Efficient processing of top- k dominating queries on multi-dimensional data. Em *Proceedings of the 33rd international conference on Very large data bases* (pp. 483-494). VLDB Endowment.
[Yu et al., 2009] Yu, Q., & Bouguettaya, A. (2009). Fundamentos para uma seleção eficiente de serviços Web. Springer Science & Business Media.
[Yu et al., 2010a] Yu, Q., & Bouguettaya, A. (2010, julho). Computing service skylines over sets of services. Em *Web Services (ICWS), 2010 IEEE International Conference on* (pp. 481488). IEEE.
[Yu et al., 2010b] Yu, Q., & Bouguettaya, A. (2010). Computing service skyline from uncertain qows. *IEEE Transactions on Services Computing*, *3*(1), 16-29.
[Yu et al., 2011] Yu, Q., & Bouguettaya, A. (2013). Computação eficiente da linha do horizonte de serviço para seleção de serviço composto. *IEEE Transactions on Knowledge and Data Engineering*, *25*(4), 776-789.
[Zadeh 1965] Zadeh L.A. (1965). Fuzzy sets. Information and Control, 8(3), pp. 338-353.

[Zeng et al., 2004] Zeng, L., Benatallah, B., Ngu, A. H., Dumas, M., Kalagnanam, J., & Chang, H. (2004). Middleware com QoS para composição de serviços web. *IEEE Transactions on software engineering*, *30*(5), 311-327.
[Zhang et al., 2018] Zhang, Y. W., Zhou, Y. Y., Wang, F. T., Sun, Z., & He, Q. (2018). Recomendação de serviço baseada na análise de granularidade do espaço quociente e algoritmo de cobertura no Spark. *Sistemas baseados em conhecimento*, *147*, 25-35.
[Zhu 2014] Zhu, K. (2014). Processo de hierarquia analítica difusa: Falácia dos métodos populares. *Jornal Europeu de Investigação Operacional*, *236*(1), 209-217.

MIX
Papier aus verantwortungsvollen Quellen
Paper from responsible sources
FSC® C105338

Printed by Books on Demand GmbH, Norderstedt / Germany